KB040049

마주하는 용기

존중받는 리더는
자신과
직면한다

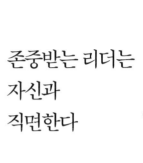

김용모 지음

마주하는 용기

pazit

차례

1장 직관형 리더의 8가지 실수

대표성 휴리스틱(가용성 휴리스틱)

공정성 휴리스틱

절정 대미 효과, 기준점 휴리스틱

2장 분석형 리더의 4가지 실수

3장 후회형 리더의 4가지 실수

추천의 글

기업의 HRD 담당자로서 수 많은 리더들의 리더십 개발을 지원하고 관찰하면서, 그리고 지금은 단위 조직 리더 역할을 수행하면서 리더십의 출발이자 핵심이 '자기인식Self Awareness'이라는 사실에 깊이 공감한다. 저자의 30년 이상의 HR 현장 경험과 다양한 사례를 바탕으로 쓰여진 이 책은 리더십의 핵심인 '자기인식'을 높이는데, 좋은 길잡이가 되어줄 수 있으리라 믿는다.

권한진 CJ제일제당 Growth Design Team 팀장

흔히 경영을 단순하게 계획Plan – 실행Do – 점검See의 반복이라고 말한다. 계획 단계에서 조직은 주로 정보를 입수하고 검토하는 일에 집중한다. 이때 리더가 어떻게 정보를 인지하고 해석하며, 그것을 바탕으로 사고 하는가에 따라 그 이후에 펼쳐지는 궤적과 풍경은 각기 다를 수밖에 없다. 번뜩이는 직관과 영감 어린 촉을 사랑하는 리더를 상상해 보라. 그들이 담당하는 조직이 어떻게 움직여질지를. 세밀한 분석과 촘촘한 논리를 선호하는 이들을 연상해 보라. 그 조직이 어떤 방식으로 일하게 될지를. 이처럼, 리더의 사고 방식은 리더십과 조직문화를 이해하는 중요한 렌즈다. 이 책은 반복적으로 체득한 성공 경험, 그로 인해 더욱

굳건해진 사고 양식을 되짚어보지 않고 과신하는 리더들이 어떤 파괴적인 결과를 낳게 되는지를 고찰하고 있다. 30년 가까이 기업 현장에서 다양한 리더들을 겪고 관찰해온 저자가 실전적이고 생생한 사례를 제시하고 있다. 이를 통해 리더들이 숙고해야 할 점들을 예리하게 짚어 주고 있다. 당신은 존경받는 리더인가? 승승장구하는 리더인가? 그렇다면 이제 이 책을 읽어야 한다. 제풀에 걸려 넘어지지 않도록 도와줄 것이다.

김성준 국민대 겸임교수, 경영학 박사, 『조직문화 통찰』 저자

존경받는 리더는 자신의 실수를 인정하고 줄이려고 노력하는 사람이다. 제시된 다양한 실수는 누군가에는 지금도 나타나고 있는 모습이다. 이를 슬기롭게 해결하기 위해 필자의 경험과 이론적 배경을 잘 버무려 혜안을 제시한 책이다. 꽁트와 같은 재미를 더해 자신의 리더십 스타일을 분류라고 기억하기 쉽다. 그만큼 리더의 실수를 개선하는데 더 큰 도움이 될 것이다. 팀리더와 중간관리자에게 일독을 강추한다.

박해룡 스탠다드에너지 HR부문장, 『직장생활 나는 잘 하고 있을까?』, 『나는 (***) 팀장이다』 저자

리더라면 놓치지 말아야 할 의사 결정의 이론과 실천을 제시!
저자는 20여 년간의 리더역할을 하면서 직접 체험하고 고민한 의사 결정과정들을 리얼하게 풀어내면서 흔히 목격하는 일종의 관성적 오류와 그에 대한 해결 포인트를 적시한다.
천천히 읽지 말고 철저한 일독을 권한다.

배용주 한국은행 인재개발원 교수

누구나 리더가 되기 전에는 좋은 리더가 되겠다고 결심한다. 그리고 좋은 리더가 되기 위한 계획도 세운다. 하지만 막상 리더가 되면 좋은 리더가 되는 게 결코 쉽지 않다는 걸 깨닫게 된다. 이 책은 좋은 리더가 되기 어려운 이유와 좋은 리더가 되기 위한 방법을 알려주는 책이다. 직장생활에서 리더들이 흔히 범하는 오류를 재미있는 에피소드를 통해 보여주고, 그 이면에 숨겨져 있는 리더들의 다양한 심리를 분석하고 대안을 제시한다. 이론과 현실이 적절하게 버무려진 새로운 관점의 리더십 책이다.

신임철 ATON 아톤 아톤모빌리티 CEO/대표이사, 경영학 박사, 『처음 만나는 행동경제학』 저자

유능한 리더가 빠지기 쉬운 리더십 함정을 행동경제학 관점에서 명쾌하게 해석한 책입니다. 불확실성이 높아지고 의사 결정 위험이 커진 상황에서 리더가 경계해야 할 실수에 선제적으로 대응할 수 있는 좋은 길잡이 될 것으로 확신합니다.

신제구 aSSIST 교수, 현 대한 리더십 학회 회장, 『리더의 길』 저자

리더는 항상 균형 잡힌 의사 결정을 해야 한다. 그렇다고 해서 리더가 이성과 감성, 그리고 직관과 논리 등의 의사 결정 기로에서 그 중간점을 택한다는 것은 매우 어리석은 일이다. 자전거를 타는 것과 같이 리더는 어느 순간이건 한쪽에 힘을 주어야만 한다. 리더의 휴리스틱에 내용과 실제 사례를 보여주는 이 책은 조직생활을 하는 사람이라면 누구나 한 번쯤은 읽어보아야 할 책이다

양기훈 용인대 경영학부 교수

입력은 고장 났는데 출력만 살아있는 꼰대와는 다르게 리더는 늘 낯선 자극에 스스로를 의도적으로 노출시켜 끊임없이 공부하는 사람이다. 지금 여기서의 경계를 넘어서는 경험을 멈추는 순간, 리더는 위험한 좌정관천의 어리석음에 빠질 수 있음을 김용모 원장님은 체험적 사례와 현장 언어로 재미있으면서도 의미심장하게 전해준다. 누구나 범할 수 있는 실수에서 벗어나 진정한 현장의 고수로 거듭나고 싶은 리더는 이 책을 필독하지 않을 이유가 없다.

유영만 지식생태학자 한양대 교수, 『언어를 디자인하라』 저자

HRD 전문가 모임에서 같이 활동하는 김용모 원장은 나에겐 호쾌한 진정성 리더다. 리더십 이론과 경험이 절묘하게 버무려진 이 책은 리더를 꿈꾸는 직장인에게 성장의 길을 열어줄 것이다.

윤건상 위즈덤팩토리 대표, 경영학 박사

리더십에 관한 이론과 저자의 현장에서의 경험이 잘 어우러진 내용으로 직장에서 발생하는 다양한 상황을 이해하고 대처하는데 도움이 되는 좋은 참고서이다.

윤지환 경희대 스마트관광원 교수, 전 호텔관광대학 학장, 『관광스타트업』 저자

소위 그동안 전문성이 있는 일만 잘하는 리더, 리더를 오랫동안 해왔지만 조직운영의 철학이 부족한 리더 등 소위 반드시 알고 실천해야하는 부분을 방관해왔던 경영자 및 리더들에게 일독이 필요한 책이다.

더우기 다양한 편향bias와 효과effect들을 풍부한 실제사례와 접목시켜 이해하기 쉽게 풀어내었고 읽다보면 필자의 위트와 유머스러운 표현이 지금 각 조직에서도 일어나고 있는 것처럼 생생하게 묘사하는 부가적인 재미도 있다.

리더 스스로 리플렉션할 수 있도록 챕터별 자가질문과 조직운영 Tip들도 매우 유용한 관점임에 틀림없다

이동훈 LG전자 CTO부문 HR담당 상무

이 책은 저자의 오랜 리더의 경험과 리더십 강의를 통하여 성찰해온 리더의 참 모습에 대해 심도있게 정리한 지침서이다. 조직 내에서 발생하는 여러 가지 문제 상황들을 리더의 실수라는 관점에서 해석하면 새로운 발상이 가능할 것이다. 고민 많은 세상의 모든 리더들이 본 책을 통해 새로운 해결책을 찾아가는 길을 만날 기를 바래본다

최원설 한국수력원자력연수원 리더십교육부장

진짜가 나타났다.

수없이 많은 리더십 도서를 만나지만 현실과는 다른, 지어낸 듯한,... 아쉬움이 많았는데 본서는 저자가 직접 체험하고 목격한 생생한 상황을 이론과 잘 접목하여 읽기 쉬우면서도 고개가 끄덕여진다. 오랜만에 책장이 아닌 책상에 두고 가까이 하고픈 책을 만났다.

홍석창 LS 그룹 미래원 원장

프롤로그

최근 심리유형 검사의 일종인 MBTI 바람이 불고 있다. 유튜브, SNS를 넘어서 공중파 TV 등 온라인 공간은 물론 오프라인에서도 공공연히 서로의 유형을 묻고 확인한다. 마치 점을 보듯 상대의 유형에 따라 미래의 행동 양식을 예측하기도 하고, 심지어 남자와 여자를 매칭해주는 프로그램에서도 활용이 많이 되는 것 같다.

전문가들은 이러한 현상에 대하여 심리학과 관련된 일반인들의 관심이 확장되는 것은 긍정적인 면이 있을 수 있지만, 단순히 도구적, 유희적으로 활용하게 될 때 생길 수 있는 부작용에 대하여 우려하고 있다. 아마도 MBTI를 비롯한 심리유형 검사가 제한된 범주 내에서 공통된 행동 패턴을 정의하다 보니 그런 것 같다.

어찌 전 세계의 인류를 단 16개의 정사각형 틀에 꿰맞춰 놓을 수 있을까? 꿰맞춰 놓았다 한들 시시각각으로 변하는 개인의 자유 의지에 따른 충동적 결정과 사회적 압력에 따른 판단의 변화, 지속적인 사회화와 학습 경험은 원래의 자기 심리유형 틀과 상관없는 행동도 만들어낸다.

예를 한 번 들어보자. 필자는 MBTI 유형에서 ENFP이다. 소위 스파크형으로 매우 사교적이고 열정으로 먹고 사는 성격이다. 사람들에게 매우 인기 있는 유형이기도 하다. 하지만 치명적인 단점이 있으니 바로 깨방정 속성이다. 한곳에 오래 머무르는 것을 싫어하고 한 우물만 파는 것을 싫어한다. 그래서인지 필자의 이력서의 경력란은 다수의 기업을 전전한 흔적으로 너덜너덜하다. 성격도 치밀하지 못하고 자주 깜빡깜빡하는 바람에, 직장 생활 초기에 상사들에게 많이 혼도 났다. 그런데 40대 이후에 두 번째 검사한 MBTI는 느닷없이 ENFJ가 나왔다. 그것도 아주 강한 J 성향이었다.

가만 생각해보니, 나의 행동이 어렸을 때와는 많이 달라진 것 같았다. 방안을 어지럽히고 누워 공상하기 좋아했던 내가, 지금은 방이 정리 정돈이 안 되어 있으면 맘이 편치 않다. 젊었을 때, 자유롭게 배낭 하나 둘러메고 떠나는 것을 좋아했지만, 지금은 일분일초까지 따지며 미리 계획을 세우지 않으면 여행을 떠나지 않는다.

회사에서도 새로운 일도 대충 감을 잡고 빠르게 착수하는 것이 나의 방식이었는데, 지금은 미리 분석하고 계획하지 않으면 마음이 불편하다. 내 안의 무엇인가가 바뀐 것 같다. 그런데 이런 행동의 변화가 모든 영역에서 일어난 것이 아니라 상황과 맥락에 따라 조금씩 다르게 나타난다. 즉, 어떤 경우에는 원래 성격이 나오기도 하고, 다른 경우에는 MBTI 결과와는 전혀 다른 행동을 할 때도 있어서 스스로 당혹스럽기도 하다.

전문가들은 이런 변화를 두고 '사회화'와 '40대 이후 뇌 발달'과 연관이 있다고 분석한다. 즉, 덜렁대는 성격에 대해 메모를 습관화하라는 상사의 코칭과, 매년 계획과 분석 중심의 비즈니스를 반복적으로 경험한 결과이기도 하고(사회화), 중년까지 계속 발달하는 전두엽의 영향(뇌 발달)이기도 한 것이다.

개개인의 성격도 이런 변화를 겪는데, 호모 사피엔스라는 인간 종 전체로 확대해 보면 더욱 이상하고도 신기한 현상들이 나타난다. 종종 인간은 무심결에 자신이 진짜 원하는 것에 반하는 판단을 한다. 또 평소 합리적이라고 소문난 사람들이 엉뚱한 결정을 내리기도 한다.

여기 독일에서 진행된 재미있는 실험이 있다. 판사들에게 상점에서 물건을 훔친 죄를 지은 여자 이야기를 들려주고 나서, 주사위 두 개를 굴리도록 하였다. 그리고 판사가 선고해야 할 형량이 개월 수 기준으로 주사위 두 개 숫자의 합보다 큰지 작은지를 물었다. 실험 참가자인 판사들은 몰랐지만, 사실 제공된 주사위는 두 숫자의 합이 항상 3 또는 9가 나오도록 특수 제작한 주사위였다. 실험참가자들은 두 주사위의 합이 9였던 판사들은 3이었던 판사들 보다 긴 형량을 선고했다. 신기한 일이다. 합리적 사고를 훈련받은 판사들이 논리적으로 일관된 판결을 하기 보다는 무심결에 다른 것(주사위)에 영향을 받았다고 밖에 할 수 없는 실험 결과였다.

필자도 최근 비슷한 경험을 한 적이 있었다. 노후 대책으로 상가를 낀 주택을 알아보려고 이런저런 부동산 사이트를 기웃거리는데, 코로나19 시국 기점으로 전국의 집값이 엄청나게 올라가고 있었다. 서울 경기권을 보니 이미 웬만한 상가 주택은 수십억대여서 지레 포기하고 춘천이나 원주 등 지방권으로 눈을 돌렸다. 그곳은 팬데믹 영향으로 현재는 공실이 많지만 코로나19 사태만 지나가면 월세가 제법 나올듯한 물건들이 꽤 보였다. 몇 달간 기초 데이터를 수집하고 직접 지방으로 발품을 찾아보기도 하며 바쁘게 시간을 보내고 있던 중, 아내가 경기 인근의 부동산도 한 번 보자고 하였다. 그래서 살펴보니 의외로 경기권에서도 지방과 비슷한 가격대의 물건들이 있다는 것을 알았다. 집주인들이 부동산 비교 사이트에 내놓지 않고 자신과 친한 업자들에게만 내놓는 물건들이 있었던 것이다. 처음 부동산 비교 사이트를 대충 살펴보면서 마음속에 형성된 높은 기준점 때문에 아예 수도권은 대안에서 탈락시켜버리고 지방 물건만 살펴보았었다. 소위 휴리스틱에 빠져 있었던 것이다.

여기서 휴리스틱이란 '찾아내다', '발견하다'라는 뜻의 그리스어로, 우리 말로 번역하면 '어림짐작'이다. 심리학에서는 즉흥적 추론 등의 의미로 사용되고 있으며, 발견법發見法이라고도 한다. 휴리스틱은 시간이나 정보가 불충분하여 합리적인 판단을 할 수 없거나, 굳이 체계적이고 합리적인 판단을 할 필요가 없는 상황에서 신속하게 사용할 때 사용하는 생각 기술이다. 알고리즘*과 대비되는 용어로 생각하면 된다.

휴리스틱은 빠른 판단과 결정을 하는 데 도움을 주지만, 알고리즘적 의사 결정에 비하여 정확도는 다소 떨어진다. 이러한 휴리스틱은 여러 가지가 있는데, 상기 예시를 들었던 휴리스틱은 사람들이 임의의 기준점(일종의 닻)을 선정한 후, 그 기준점에 맞게 자신의 판단을 조정하여 의사 결정을 내리는 휴리스틱이다. 이를 '기준점과 조정 휴리스틱'이라 한다. 이 외에도 대표성 휴리

★ 어떤 문제를 해결하기 위하여 정해진 절차나 처리과정을 말한다.

스틱, 가용성 휴리스틱, 공정성 휴리스틱, 감정 휴리스틱 등 휴리스틱의 종류는 다양하다. 용어가 좀 어렵게 느껴지는데, 이에 대해서는 각 장마다 자세하게 해설을 해두었다.

한편, 리더에게 필요한 역량 중 가장 중요한 것으로 꼽히는 것이 의사 결정 역량이다. 그리고 의사 결정자가 의사 결정에 관련해서 행하는 행동 양식과 습관을 두고 '의사 결정 스타일'이라고 한다. 스콧과 브루스Scot and Bruce는 의사 결정 스타일을 합리형, 직관형, 의존형, 회피형, 즉흥형의 5가지 유형으로 구분하였다. 2016년 서강대 연구팀의 한 실험 결과, 우리나라 성인들의 경우 합리형을 나타내는 실험 참가자가 전체의 35%로 가장 많았고, 직관형은 전체의 17%, 의존형은 전체의 20%, 회피형은 전체의 16%, 즉흥형은 가장 낮은 12%를 차지하고 있다고 한다.

이 외에 다양한 의사 결정 스타일이 있지만, 본서에서는 3가지 유형을 다루고자 한다. 통찰과 인사이트 중심의 직관적 의사 결정을 중시하는 직관형 리더, 무엇이든지 분석하고 재해석해서 해결점을 모색하는 분석형 리더, 확신을 갖지 못한 채 의사 결정을 하고 나중에 후회하는 후회형 리더가 그것이다. 다만, 유념해야 할 것은, 직관형 리더라 해도 늘 직관으로만 의사 결정을 내리는 것도 아니고, 분석형 리더가 매번 분석 중심으로 판단하는 것은 아니다. 직관형 리더가 상황에 따라서는 면밀하게 문제를 분석하고 결정을 내릴 수도 있고, 분석형 리더가 직관을 활용하여 통찰력 있는 아이디어를 제공하기도 한다. 모든 인간은 직관적 사고와 합리, 분석적 사고를 할 수 있다.

이 책의 구성은, 각 챕터에 간단한 콩트 형식의 상황문을 제시하고, 이것으로 다양한 휴리스틱에 필자의 경험담을 곁들여 설명한 후, 마지막에 같이 생각해 볼 질문들과 리더에게 제안하는 격구문 제안으로 마무리하였다.*

이 책은 주로 심리학과 행동경제학 등에서 연구되고 있는 다양한 휴리스틱과 편향 기제를 기업 활동의 일선 현장과 리더십이 필요한 장면에 응용하였다는 데 의의가 있다. 다만, 학문적 이슈를 중점적으로 다룰 수는 없으나, 실제 리더들에게 유용한 팁을 소개하고자 노력하였다.

필자는 30여 년 직장 생활 중 절반 이상을 현장 리더로서 경험을 쌓았다. 특히 몇몇 기업에서는 기업 총수나 CEO들을 둘러싼 각종 사내 권력 역학 관계나 리더십 발휘의 순간들을 지근거리에서 목격하면서 리더들의 다양한 휴리스틱과 편향 사례들을 보게

---

* 휴리스틱이라는 개념 자체가 직관과 관련이 있으므로 직관형 리더에만 적용해야하는 것이 아닌가 하는 의문이 들 수 있다. 그러나, 본서에서는 분석형이나 후회형 리더들도 그 유형의 본질적 측면에서 보면 조심해야할 실수(휴리스틱이나 편향)들이 있을 수 있다고 가정하였다.

되었다. 평소 합리적이고 이성적인 결정을 내리는 리더가 어떤 상황에서는 느닷없이 이상한 판단을 하는 경우가 종종 있었다. 게다가 이러한 판단에 대해 일말의 반성도 없이 너무도 자연스럽게(?) 그 상황을 종료하는 것이었다. 이것이 바로 이 책을 쓰게 된 동기이다. 어째서 유능한 리더가 느닷없는 실수를 하게 되고, 그 실수에 대하여 용기있게 직면하지 못하는가? 하나하나 알아보도록 하자.

1장

직관형 리더의
8가지 실수

우리의 뇌는 발달 단계에서 입력되는 정보를 일종의 인지적 틀Frame로 재구성하는데, 이를 스키마Schema(도식)라고 한다. 예를 들면, 뜨거운 난로에 한 번 손을 덴 아이는 다시 난로에 함부로 손을 내밀지 않을 것이다. 아이의 뇌 속에 '뜨거운 난로=위험물'이라는 도식이 생긴 결과이다. 인간은 발달 과정에서 시행착오를 거치며 뇌 속에 많은 스키마를 형성하게 된다. 스키마는 좋은 것도 나쁜 것도 아니다. 그저 인간 진화의 한 결과물일 뿐이다. 학자들은 이러한 스키마를 활용한 의사 결정자의 오류를 휴리스틱(어림짐작)이라는 기제로 설명하였다. 휴리스틱의 어원은 라틴어의 'heuristicus'와 그리스어 'heuriskein'에서부터 시작되었으며, "찾아내다find out" 그리고 발견하다discover"라는 의미이다. 직관형 리더는 의사 결정을 할 때에 이러한 휴리스틱을 먼저 앞세우는 리더라 할 수 있다. 하지만, 그 어림짐작이 상황과 딱 맞아떨어질 경우를 제외하고는 여러 가지 리스크가 발생할 수 있다. 이러한 리스크를 야기하는 휴리스틱은 과연 무엇이 있을까? 여기에서는 대표성 휴리스틱, 공정성 휴리스틱, 절정 대미 효과를 주제로 이야기를 풀어 나가고자 한다.

●

대표성 휴리스틱

(가용성 휴리스틱)

대표성 휴리스틱representativeness heuristic은 불확실한 상황에서 어떤 일이 일어날 확률을 판단할 때 사람들이 주로 활용하는 휴리스틱이다. 이를 대표성 편향representativeness bias이라고도 하는데, 여기서 '대표성'이라는 말은 새로운 상황이 자신의 기존 스키마와 얼마나 비슷한지 또는 자신의 기억 속에 있는 전형stereotype을 얼마나 대표하는지를 기초로 판단한다는 의미이다. 즉, 어떤 집합에 속하는 하나의 구성요소가 그 집합 전체의 특성을 그대로 대표한다고 간주하는 것을 말한다.*

예를 들면 새로 임명된 CEO가 외국계 회사에서 일한 경력자

---

* 신임철,처음 만나는 행동경제학, p.60

라고 알려진 경우, 조직의 팀장들은 이제부터 외국어 학원을 다녀야 할 것인지 무의식적으로 고민하는 상황이 대표적일 것이다. 사실 그 CEO가 전혀 그렇지 않을 경우도 있을 텐데 말이다. 또, 우리는 어떤 회사의 상품이 무척 마음에 들었다면 그 회사의 다른 상품들도 괜찮을 것이라는 생각을 하게 된다. 우리 속담에 하나를 보면 열을 안다는 말이 바로 이것이다.

이러한 대표성 휴리스틱에 해당하는 에피소드 3가지를 소개해 보겠다.

1화

갑자기 떠올랐어!
〈번뜩이 리더〉

HR 본부장으로부터 전갈이 왔다. CEO가 현재 거제도에 추진 중인 리조트 사업의 담당 임원을 당장 교체하라는 지시를 내렸다고 하였다. 무슨 이유일까? 거제도 프로젝트는 시행사의 의뢰로 소위 '현대 예술 리조트'를 표방하며, 3년 전에 시작한 프로젝트이다. 담당 임원은 H 전무로 나름 리조트 건설 업계에서는 알아주는 실력가였다. 그런데 왜?

오만 가지 추측이 난무한 가운데 실무진들이 발 빠르게 발령 안 작성을 해서 K 팀장에게 보고하였다. 지금까지 리조트 사업을 이끌었던 H 전무는 경기도 광주의 한 레지던스 주상복합 빌라 사업장으로 전보 발령을 내고, 울산에서 재건축 사업에 투입되었던 J 임원이 그 자리를 채우는 발령 품의였다. 일단 지시대로 드래프트를 작성했지만, K 팀장은 계속해서 찜찜한 기분을 지울 수가 없었다.

H 전무는 워낙 꼼꼼한 탓에 가끔 공정을 맞추지 못하는 편이긴 했지만, 직원들의 다양한 아이디어를 수렴하면서 끈기 있게 일을 추진하는 스타일의 리더였던 반면, J 임원은 직원들의 생각을 잘 듣지 않고, 자신의 주장대로 일을 진척시키는 것으로 유명한 인물이었다. 여기에는 해외 유학파 출신이라는 자만에 가까운 자부심이 한몫을 했다. 무대뽀로 밀어붙이는 그의 추진력에 납기 완수는 확실한 것이 장점이긴 하였다. 하지만, 담당 임원이 지금 와서 바뀐다면 현장은 대혼란이 벌어질 것은 뻔한 일이었다.

K 팀장은 CEO에게 보고하기 전에 자신과 친한 비서실장에게 급작스러운 발령 지시의 배경에 대해 물어봤지만 별다른 정보를 들을 수가 없었다. 그저 지난 주말에 CEO가 갑자기 호출하여 이렇게 말했다고 전할 뿐이었다.

"신사업이잖아… 예정된 공정대로 진행이 잘 안되었고, H 전무가 그럭저럭 잘 이끌어 나가긴 했지만, 좀 더딘 것 같아… 11월이 그룹 창립일이잖아. 그때까지는 납기를 맞추어야 회장님에게도 면이 서지… 이걸 어쩔까 고민하는데 어제 갑자기 J 임원이 떠오르더라고. 지난번 인천 영종도 프로젝트 때 보여주었던 추진력 있잖아. 정말 탱크 같았거든." 득의만면하게 미소를 짓던 CEO는 자신의 번뜩이는 직감이 이번 발령에도 맞을 것이라고 장담하였다고 한다.

K 팀장은 본부장의 지시대로 품의를 올렸지만, 다양한 의견이 조율되어야 할 리조트 건설 프로젝트에 독단적인 리더십 스타일의 J 임원이 과연 적합한 인물인가 하는 의문이 자꾸 드는 것은 어쩔 수 없었다.

6개월 후, 그룹 창립 기념일에 맞추어 거제도 리조트는 완공되었다. 하지만, 완공 후 치명적 실수가 여러 군데에서 발견이 되었다. 이를테면 2층 복도 끝부분에 커다란 출입문이 있어서 열어보았더니 바깥에 아무 구조물도 없어서 1층으로 사람이 떨어질 뻔하였다거나, 호텔 룸이 방음이 제대로 안되어 옆방 소리가 그대로 들린다는 따위의 것들이었다. 결국 완공식 후에도 보수 작업이 지속되었고, 이로 인한 추가 경비는 예정된 예산 범위를 훨씬 더 초과하고야 말았다.

또, J 임원이 부서 간의 협력 대신 경쟁(비록 선의의 경쟁이라고는 하였지만)을 지나치게 강조하는 바람에 회사 전체 시너지보다는 각자 도생 분위기가 만연해가고 있었다. 그럼에도 불구하고 납기를 잘 맞추었다는 이유로 J 임원은 승진하였고, 이를 바라보는 K 팀장의 입에서는 탄식밖에 나오지 않았다.

◆

　사람들은 곤란한 상황이나 어려운 판단을 요구하는 현실에 맞
닥뜨리면, 아무 생각 없다가 느닷없이 영감이나 대안이 머릿속에
떠오를 때가 있다. 아무런 합리적 근거가 뒷받침되거나 논리적이
고 이성적 프로세스가 작동하지 않으면서 말이다. 누구는 이것을
직감이라고 이야기하고, 누구는 직관, 또 아무개는 신의 계시라
고까지 말하는 이것은 대체 무엇일까?

　예를 하나 들어보자. 수빈이는 대학에서 사회학을 전공하였다.
익히 알다시피 사회학도는 사람들이 어떻게 사는지와 왜 그렇게
사는지를 현재의 사회 상황과 연관 지어서 연구하는 학생들을 말
하며, 주로 사회적 존재로서의 사람을 설명하는 학문을 연구한
다. 그래서인지 수빈이는 학교 시절에 총여학생회에서 활동하면
서 도시 빈민 투쟁과 노동 운동에 대하여 깊이 심취했었다. 그녀
는 IQ가 150이 넘는 수재였으며, 특히 언어 관련 능력이 뛰어나
자신의 의견을 대중에게 당당하고도 설득력 있게 제시하는 것으
로 학교 내에서도 유명하였다.
　자, 수빈이가 대학 졸업 후 얻게 된 직업을 맞춰보자. 페미니스
트(①), 은행원(②), 은행원이면서 페미니스트(③). 여러분들의 선

택은?

 린다의 문제Linda Problem로 알려진 이 문제의 실제 예측 결과는
①〉③〉②의 순이었다.(응답자의 85% 수준) 그런데, 사실 이러한
응답자들의 예측 결과는 논리적으로 맞지 않다. 수빈이의 ③ '은
행원이면서 페미니스트'일 확률은 ① '페미니스트'이거나 ② '은
행원'일 확률의 교집합에 속하기 때문에 절대적으로 ①이나 ②
보다 더 클 수가 없다. 이러한 현상을 결합 오류conjunction fallacy가
발생하였다고 한다.* 그리고 또 한 가지, 우리나라 직업에서 페미
니스트라는 직업이 있는가? 아마 페미니즘을 공식적으로 표방
한 사회운동가 정도일 터인데, 기껏해야 5천만 인구의 0.1%인
5천 명도 안 될 것이다. 그에 비하여 국민, 신한 등 5대 은행에 재
직하는 은행원은 늘 5만 명이 넘는 수준이다.** 이를 양적 확률
로 추론하게 되면 은행원이 페미니스트의 10배가 넘는다. 그럼
에도 불구하고 우리는 수빈이의 성향과 교내 활동에 대한 자료를
기반으로 제일 먼저 ①번 페미니스트를 머리에 떠올린다. 이렇
게 어떤 집합에 속하는 임의의 한 특징이 그 집합의 특성을 대표
한다고 간주해 빈도와 확률을 판단하는 방법을 대표성 휴리스틱

---

* 대니얼 카너만, 생각에 관한 생각, p.228
** 물론 지금은 카카오뱅크 등 핀테크의 영향으로 은행원 수가 많이 줄고 있다.

Representativeness heuristic이라고 한다.

대표성 휴리스틱은 위에서 소개한 것 외에도 몇 가지 종류가 더 있는데, 두 가지만 간략하게 소개해 보겠다.

어떤 마을에 두 개의 병원이 있는데 큰 병원에서는 매일 45명의 아기가 태어나고, 작은 병원에서는 매일 15명의 아기가 태어난다고 한다. 1년 동안 기록을 봤을 때 어느 병원에서 남자 아기의 비율이 60% 이상인 날이 더 많을까? 큰 병원? 작은 병원? 아니면 비슷할 것 같다? 정답은 당연히 작은 병원이다. 왜냐하면 작은 병원이 매일 15명으로 큰 병원보다 표본의 크기가 더 작으니 변동 폭도 들쭉날쭉할 것이기 때문이다. 고로 당연히 60% 이상 비율에서 벗어날 확률이 많을 것이다. 그런데 사람들은 이상하게도 큰 병원일 거라고 지레 짐작한다. 표본크기에 상관없이 두 표본이 모두 모집단의 분포와 비슷하다고 생각하기 때문에 나타나는 현상이다. 이것을 표본크기 무시 편향이라고 한다.

필자도 바로 이 편향에 빠져 실수를 했던 적이 있었다. 어느 날, CEO가 신입사원 과정의 새로운 교육 기간에 대해 사내 여론이 어찌 되는지 물어보았다. 당시 교육팀에서는 과거 4개월 동안 진행하던 집합 교육을 9주로 대폭 줄이고 대신 현장 교육*을 늘리는

---

* 이를 OJTon the job training라고 한다.

방안을 실험하고 있었다. 교육을 가르치는 교관단은 이 방침에 대하여 대체로 호의적이었다. 그래서 필자는 평소 교관단에게 들은 내용을 바탕으로 CEO에게 보고하였다. 하지만, 며칠 뒤 CEO에게 야단을 맞았는데, 이유는 필자의 정보가 매우 제한적이었다는 것이었다. 교관단의 구성이 주로 영업직군으로 이루어져 있어서 타 직군의 의견이 제대로 반영되지 못한 것도 있었고, 10여 명으로 구성된 교관단의 의견에 대해 전체 의견인 양 착각했던 것이 주 원인이었다. 전형적인 표본크기 무시편향의 사례이다.

다음은 도박에 관한 사례이다. 필자는 호텔 및 카지노를 주 업종으로 하는 종합 관광회사에서 약 15년간 근무했었는데, 그때 카지노 고객들에게서 발견한 재미있는 현상이 있었다. 카지노 중 바카라라는 게임이 있는데, 게임 도중 패턴이 하나 생기면 고객들이 엄청난 베팅을 해대는 것이었다. 아무런 논리나 근거도 없이 말이다.

바카라 게임은 홀짝 게임하고 매우 유사한 게임인데, 플레이어와 뱅커라는 두 옵션 중 하나에 돈을 거는 단순한 게임이다. 게임에서 첫판에 플레이어(또는 뱅커)가 나온 이후, 내리 10판도 모두 플레이어(또는 뱅커)가 나왔을 경우, 게임 참가자들은 11판째도 같은 옵션이 나올 것이라고 예측한다. 또는 첫판에 플레이어가 나오고 다음 판에 뱅커가 나오는 현상이 최소 4~5번 정도 반복이 될 경우도 마찬가지이다. 플레이어-뱅커-플레이어-뱅커-플레이어-뱅커-플레이어-뱅커 순으로 나오게 되면 고객들은 다음 판에 무조건 플레이어를 베팅한다. 일종의 패턴이 형성되었다고 생각하는 것이다. 사실 각 판은 모두 2분의 1 확률인데 말이다.

이것은 로또 번호를 찍으려 하는데, 로또 판매점 주인이 최근 1년 동안 25라는 숫자가 1등 번호에 한 번도 나온 적이 없으니 그 번호는 꼭 찍으라고 하는 것도 똑같은 현상이다. 1년 동안 로또에서 어떤 숫자가 많이 나오든 적게 나오든 45개 숫자 중 한 숫자가 나올 확률은 같은데 말이다. 이런 말도 안 되는 현상을 도박사의 오류gambler's fallacy 현상이라고도 하고, 우연에 대한 오해 편향이라고도 한다. 대표성 휴리스틱의 일종*이다.

진화론적으로 생각해 보면 대표성 휴리스틱은 우리의 뇌를 좀 더 효율적으로 사용하기 위한 판단 메커니즘이다. 생각해 보라. 사람들은 하루에도 수백 번의 결정을 내리는데, 이 모든 의사 결정에 대하여 비교 분석한다면 엄청난 뇌 활동이 필요할 것이다. 어마어마한 과부하로 인하여 조기 탈진burn-Out 현상을 초래할 것이다. 그래서 사회심리학에서는 이러한 효율적 뇌 활용에 대하여 인지적 구두쇠Cognitive Miser**라는 재미있는 말을 사용하였다. 뇌

* 이외에도 예측가능성에 대한 둔감성 편향, 평균에의 회귀 편향 등이 있다.

가 구두쇠처럼 인지 활동에 쓰는 에너지를 아껴 쓴다는 말이다.

휴리스틱 이론, 특히 여기에서 이야기하는 대표성 휴리스틱 현상도 이러한 인지적 구두쇠 이론으로 설명할 수 있다. 인간의 신체적 에너지에 대한 효율이라는 측면에서 대표성 휴리스틱은 사람들에게 도움이 되는 메커니즘일 수 있다는 이야기다. 다만, 판단하여야 할 이슈나 문제가 조직과 사회에 영향이 큰 것이라면 주의하여야 한다. 개인의 경험에 근거하여 형성된 대표성 휴리스틱은 한 사람의 주관적 관점과 패턴일 뿐인데, 조직과 사회는 다양한 이해관계자들의 집합이기 때문이다. 따라서 한 사람만의 대표성 휴리스틱으로 집단의 문제를 해결할 경우, 전혀 예상치 못한 리스크가 발생할 수 있다.

상황문의 CEO처럼 조직 내 번뜩이 리더들은 주로 자신만의 대표성 휴리스틱에 기대어 의사 결정을 하는데, 직책이 올라갈수록 이러한 현상이 많이 목격된다. 고직책자일수록 다뤄야하는 이슈도 많고 시간에 쫓기는 경우도 허다하며, 오랜 근무 기간만큼 자신만의 결정 패턴이 상당히 축적되었을 것이기 때문이다. 이럴 때 예전과 비슷한 문제가 또 발생하게 되면 당연히 익숙한 결정

** 1984년에 미국 프린스턴대학의 수잔 피스케Susan Fiske 교수와 UCLA의 셸리 테일러 Shelley Taylor 교수가 이야기한 것으로, 사람들은 최대한 간단하고 뇌의 에너지를 적게 쓰는 과정으로 문제를 인지하고 해결한다는 이론이다.

패턴을 따르고 싶은 욕구가 생길 것이다. 특히 번뜩이 리더가 상황문처럼 권위적 리더십과 결합하게 되는 경우, 상황은 더욱 악화된다. 아마도 부하들은 그냥 시키는 것만, 시키는 대로만 할 가능성이 매우 높다.

스스로 직관형 의사 결정자라고 생각되는 리더들은 늘 팔로워에게 자신의 의견이 타당한지 물어보고 검증하는 것이 좋다. 느닷없이 떠오른 자신의 생각을 일단 한번 의심해 봐야 한다는 것이다. 세종대왕은 공식적인 윤음綸音(국왕이 백성을 타이르는 말을 담은 문서)을 제외하고는 늘 신하들의 의견을 듣고 자신의 사고를 검증해가며 결정했다고 한다.

필자도 아주 중대하고 긴급한 상황이 아니라면 거의 모든 사안을 직원들과 의논하고 그들과 함께 판단했다. 시간은 좀 더 걸리더라도 그들의 다양한 이야기를 청취하는 일은 리더로서 또 다른 학습의 기회였고, 지적 자극이다. 한편, 팔로워의 입장에서 의견을 제시한다는 행위는 리더와 책임을 함께 나눈다는 의미이기도 하다. 즉, 팔로워도 행위의 주체가 된다는 것이다. 일이 '나의 것'이라는 주인의식이 생기게 되면 직무에 몰입하게 되는 중요한 동기로 작용하게 된다.

이렇게 부하직원들과 협의 결정하게 되면, 대표성 휴리스틱의 단점을 상당 부분 상쇄할 수있다. 다음 챕터에서는 이러한 대표성 휴리스틱 현상을 좀 더 심도있게 살펴보고, 그 원인과 대안에 대해서 추가적으로 알아보도록 한다.

스스로 탐침 질문

1 평소 의사 결정할 때 대안 도출 방법은 무엇인가?

2 긴급 상황에는 주로 어떻게 판단을 내리는가?

3 머릿속에 바로 나타나는 대안에 대하여 신뢰성을 확보할 방법은 무엇인가?

조직 내 리더분들에게

여러분들의 직관적 영감과 아이디어는 훌륭합니다. 다만, 그 직관을 뒷받침할 데이터와 사실fact, 증거가 확보된다면 더욱 돋보이게 될 것입니다. 그리고 데이터와 사실을 바탕으로 팔로워들과 의논을 하세요. 전체 의견의 논리적 흐름과 상위 조직의 방향성을 조율하면서 의사 결정한다면 대표성 휴리스틱의 덫에 빠지지 않을 겁니다.

2화

이 길이 맞다니까
〈우기기 리더〉

폭포수 소리가 멀리 들렸다. 산행을 시작한 지 벌써 1시간째이다. J 부사장 산하 조직으로 편재된 이후 부사장의 요청에 따라 P 부장은 매주 토요일마다 같이 등산을 하고 있다. 일찍 일어나기에 짜증 나는 날도 있지만, 기러기 아빠 처지라 차라리 잘 되었다 싶기도 하는 마음도 있었다.

P 부장은 다소 주춤거리는 J 부사장을 보좌하며 조심스레 발을 뗐다. 폭포로 가는 길은 두 가지 길이 있다. 작은 등성이를 하나 돌아 넘어 너구내 협곡길로 가는 것과, 험하지만 돌산을 바로 넘어가는 지름길이 그것이다. 영하 30도로 꽁꽁 언 오늘 같은 날씨에는 아무래도 돌아가는 너구내 길이 좋을 듯하였다. 게다가 눈까지 푸슬푸슬 내리고 있지 않은가. P 부장은 돌산 지름길이 다

36

소 위험할 수 있으니 오늘은 돌아가자고 J 부사장에게 넌지시 말을 건넨다.

한참 생각하던 J 부사장은 중요한 저녁 약속이 프랜턴 호텔에서 있다고 이야기하면서 그냥 돌산을 넘어가자고 했다. 그러면서 돌산 지름길은 지난 수십 년간 다녀봤기 때문에 눈 감고도 갈 수 있다고 성큼성큼 발을 내딛는 것이었다. 하지만 P 부장은 폭포길이 초행길이다. P 부장은 잠시 자신의 등산화를 바라보았다. 겨울 산행용 아이젠도 아닌, 수년간 신어 온 낡은 등산화가 눈에 들어온다. 등산화 상태가 안 좋다고 J 부사장에게 이야기할까 망설이다가 P 부장은 그냥 발걸음을 옮기기 시작하였다. J 부사장은 한 번 결정하면 그대로 이행해야 직성이 풀리는 성격이기 때문이었다.

어렵사리 돌산 어귀를 기어오르던 P 부장의 머릿속에 돌연 J 부사장이 의사 결정을 내린 최근 합병 건이 떠올랐다. 유명한 글로벌 보안업체의 CEO였던 J 부사장이, 보안이라는 이름은 같았지만, 'IT' 보안업체로서 업태 자체가 다른 현재 회사로 이직해 온 것은 1년 전 일이었다. 기존의 회사 직원들이 격투기나 경호학을 전공한 물리적 파워를 지닌 보안 요원들이었다고 한다면, 지금 회사의 직원들은 AI 알고리즘으로 기업이나 국가의 데이터를 보호하는 소프트파워 역량의 보안 요원들이어서 당연히 조직 분위기나 문화가 달랐다.

하지만 J 부사장은 회의 때마다 자신의 옛 성공 기억을 일일이 소환해가며, 현 회사의 영업 마케팅이나 주요 정책을 비판하고 자기 의견을 주도적으로 펼쳐나갔다. IT 보안업만의 특성이 있다고 주변 스태프들이 용기를 내어 의견을 올리면, 자신은 1조짜리 회사를 운영했던 사람이라고 하면서 우기며 묵살하곤 해서, 최근에는 임직원들도 더 이상 의견을 내지 않는 분위기였다.

그 와중에 본사로부터 100억짜리 M&A 검토 건이 내려왔는데, J 부사장은 실사도 제대로 끝나지 않은 상황에서 느닷없이 본 계약을 체결하라고 지시했다. 비록 본인은 나름 심사숙고하여 분석했다고는 하나, 경영진 회의에서 나타난 그의 언행을 보면 평소 때와 마찬가지로 거의 직감에 의존하여 판단한듯 하였다. 이전 근무 회사에서 2천억짜리 반도체 회사의 M&A를 성공리에 체결했다며 자신의 감은 확실하다는 경험담을 계속 늘어놓는 것을 보면 알 수 있었다.

그런데 전문가로서 IT 업계를 잘 아는 P 부장은 금번 합병 건이 적절치 못한 것이라는 것을 알고 있었다. IT 업은 개발자 역량이 매우 중요한데, M&A 대상 회사는 핵심 개발자들이 점차 빠져나가고 있는 상황이었던 것이다. 또 매물 가격 자체가 매우 높았다. 자칫 잘못하면 회사의 단기자금 유동성의 문제까지 거론될 수도 있어 매우 걱정스러운 상황임에도, J 부사장의 우기기 지시에 아무도 반대하지 못하였다. 자신을 포함하여 꿀 먹은 벙어리처럼 앉아있는 임직원들의 모습이 넷플릭스 썸네일 영상처럼 떠올라, 추적추적 겨울비까지 내리는 돌산을 기어오르는 P 부장을 계속 괴롭혔다.

P 부장은 심신이 피곤하여 잠시 휴식을 취하기 위하여 비탈진 나무에 잠시 몸을 기대었다. 그때, 갑자기 우르르…쾅 하는 소리와 함께 돌멩이 한 무더기가 돌산 정상에서 내려오는 것이 보였다. 앗 하는 순간, 큰 돌멩이 하나가 J 부사장과 부딪힌 뒤 P 부장 쪽을 덮쳤다. 아… 이래서 너구내 협곡길로 가자니까… 쓰러진 P 부장은 힘없이 중얼거리며 이미 의식을 잃은 J 부사장 쪽을 바라보았다.

✦

리더에게 가장 필요한 덕목은 무엇인가? 이에 대하여 미국 웨스턴 미시간대 교수인 피터 노스하우스Peter Northhouse는 신뢰, 사교성, 지능, 정직함과 더불어 결단력과 자신감을 꼽았다. 여기서 결단력은 일을 반드시 완성하겠다는 욕망이며, 장애에 직면하여도 굽힐 줄 모르고 도전하는 능력을 말한다. 저명한 리더십 학자인 제임스 쿠제스James M. Kouzes와 배리 포스너Barry Zane Posner 역시 추진력을 효과적인 리더십의 특성으로 꼽았다. 서울과학종합대학원aSSIST에서 리더십을 가르치는 신제구 교수는 위기 상황에서 돋보이는 리더의 세 가지 매력을 예측력, 판단력과 함께 실행력을 꼽았다.* 이러한 결단력, 자신감, 추진력, 실행력 등은 리더의 주도적인 행위를 묘사하는 단어들이다. 이 단어들은 리더십과 관련된 덕목들 중 가장 공격적이고 딴딴한 느낌이다. 생각해 보라. 검푸른 밤하늘 아래 한 무리의 사막 유목민들이 길을 잃고 헤메고 있을 때, 거침없이 앞으로 뚜벅뚜벅 나아가는 한 사람을…. 모든 이들을 압도하는 총총한 눈매와 당당한 그의 행보는 나머지 사람들이 같이 가야 할지를 알려준다. 그것이 맞는 길인지 아닌지, 당장은 모르지만 말이다. 하지만, 사막에서 길을 잃었을 때나 정글에서 어디로 갈지 모를 때에도 이 영웅적 리더는 끝내 길을 찾아낸다. 그리고, 무작정 나아가는 것이 아니라 나름의 근거를 바탕으로 길을 찾고 무리를 이끈다. '보아라, 북극성이 저기에 빛나지 않는가…'라든지, '들어보라, 신의 계시가 어젯밤에 있었다…'라거나, '보라, 저 신성한 설산에 반짝이는 그 무엇을…' 등등.

현명한 리더는 이러한 주도적 행위의 덕목 외에도 한 가지가

* 신제구, 리더의 길, p.251

더 필요하다. 반증에 대한 수용성이다. 즉, 반증이 제시되어 기존의 근거가 깨지면, 이를 마음 속에서 수용할 수 있어야 한다. 사실 쉽지 않은 일이다. 리더로서 자존심이 상하는 일이기도 하다. 하지만 팔로워들의 입장에서 보면 솔직하게 반증을 인정하고 수용하는 리더가 더 신뢰가 간다.

리더는 이를 위해서 집단 토론과 합의 분위기를 장려해야 하고, 다양한 의견을 들어야 한다. 앞서 이야기한 세종대왕처럼 말이다. 그래야 팔로워들이 소위 심리적 안정감Psychological Safety*을 갖고 어떠한 이야기도 할 수 있는 것이다. 그러나 우리 주변엔 그렇지 못한 리더들이 있다. 소위 우기기 리더이다. 상황문의 J 부사장은 전형적인 우기기 리더의 모습을 보이고 있다. 직감에 의존하여 자기 확신을 하는 그의 모습에 다른 사람의 의견은 들어갈 틈이 보이지 않는다. 소위 보수주의 편향conservatism bias**에 빠진 리더의 모습이다.

사실 이런 유형의 리더십은 특히 근대 산업사회에 많이 목격되

---

* 하버드 경영대학원 교수인 에이미 에드먼슨은 자신의 저서 '두려움 없는 조직'에서 인간관계의 위험으로부터 자기가 근무하는 환경이 안전하다고 믿는 마음을 심리적 안정감이라고 정의했다.

** 새로운 정보를 거부하고 기존의 시각이나 예측을 고수하려는 편향, 즉 자기가 갖고있던 주관이나 신념, 관점 등을 계속 고수하고, 새로운 정보를 받아들이려하지 않거나 심지어 무시하려는 편향을 말함(신임철, 처음 만나는 행동경제학, p.80)

었다. 근대적 기업에서 중요하게 생각한 가치는 생산성, 수율, 공정률 등 어느 정도 예측 가능한 지표들이었기에, 안되면 되게 하라는 식의 우기기 리더들도 생존이 가능했다. 하지만, 지금은 창조와 혁신의 시대이고 한 치 앞도 내다볼 수 없는 예측 불가, 불확실성의 시대이다. 이런 시대에는 서로 다른 이들의 다양한 아이디어가 융합하고 새로운 시도들이 합쳐져야 제대로 대응할 수 있다.

위 사례에서 J 부사장의 우기기 심리에는 아마도 두 가지 기제가 숨어있는 것 같다. 하나는 자기 확신이고, 다른 하나는 우월감이다. 아마도 그는 자신의 과거 경험을 바탕으로 나름 확신하였을 것이고, 지위에 따른 우월감이 합쳐지면서 아랫사람의 의견을 묵살하고 그냥 우기고 가도 된다고 생각했던 것 같다.

그런데 자기 확신이 너무 강하여 다른 근거를 받아들이지 않게 되면 주관적으로 굳어지게 된다. 소위 확증 편향confirmation bias으로 흐르게 되는 것이다. 확증 편향은 자기에게 도움이 되는 사실과 근거만을 선택적으로 취하고, 믿고 싶지 않은 정보는 외면하는 편향을 말한다. 이것을 자기 중심적 왜곡myside bias이라고도 한다. 이러한 현상에 대하여 16세기의 경험론자 프란시스 베이컨은 "인간의 지성은 일단 어떤 의견을 채택한 뒤에는 모든 얘기를 끌어들여 그 견해를 뒷받침하거나 동의한다. 설사 정반대를 가리키는 중요한 증거가 훨씬 더 많다고 해도 이를 무시하거나 간과하며 미리 결정한 내용에 죽어라고 매달려 이미 내린 결론의 정당성을 지키려 한다."라고 비판하였다. J 부사장이 등산할 때 돌산으로만 가는 행위나 자신의 경험만을 믿고 M&A를 지시하는 것이 바로 이러한 편향 때문으로 해석할 수 있다.

한편, 확신을 갖게 한다는 '과거의 기억'이라는 것도 문제가 있을 수 있다. 기억은 완전하지 않다. 우리의 기억 메커니즘은 PC에 데이터를 저장하는 것과 다소 다르다. 기억의 입력과 유지, 출력 모두 왜곡될 수가 있다는 이야기다. 필자는 어머니와 차 한잔 마시며 종종 어렸을 때 이야기를 할 때가 있다. 그런데 이상하게도 부분 부분마다 어머니의 기억과 내 기억이 다르다는 것을 발견한다. 왜 그런 현상이 일어날까? 기억이 입력될 때 그냥 입력이 있는 그대로 되는 것이 아니라 자신의 과거의 틀(지식, 스키마 등)에 따라 기록이 되기 때문이다. 또, 기억 도중에 헷갈리게 만드는 외부 자극이 있게 되면 기억의 정확도가 더욱 떨어진다. 시험을 앞두고 열심히 공부하고 있을 때 친구가 술 한 잔 먹자는 카톡이 오게 될 경우가 이에 해당한다. 기억을 출력할 때도, 입력한 그대로의 데이터가 나오는 것이 아니라 일종이 양념이 첨가되어 나온다. 기억에 대한 개인의 감정, 추론 등의 양념이 마구 뒤섞여서 나오는 것이다.

옛 TV 오락 프로그램 중에 말 전달하기 게임이 있었다. 2~3줄로 구성된 문장을 한 명에게 제시하면 그 사람이 다음 사람에게 말로 전달하는 아주 간단한 게임이었다. 필자는 이것을 커뮤니케이션 교육 과정에 도입했었는데, 결과는 가관이었다. 즉, **우주 공간에서는 우주인의 소변도 재활용되어 식수로 사용한다**는 문장을 제시했더니, 참가자 5명 중 맨 마지막 전달자 왈, **선장의 괄약근이 끊어졌다**로 엉뚱한 문장으로 발표되는 바람에 교육장이 웃음의 도가니로 변했던 것이 생각난다. 이렇듯 간단한 기억 실험에서조차 오 기억false memory*이 난무하는데 수개월 또는 수년의 세월이 흐른 뒤에 기억의 편린이 과연 얼마나 정확할까?

그래서 **기억**보다는 **기록**이라는 말이 있는 것이다. 기록은 증거로서 사실fact을 객관적으로 입증한다. 우리가 지금까지 학습하고 기억해 온 모든 것들이 컴퓨터 하드디스크에 저장되는 것처럼 뇌 속에 얌전히 존재하는 것이 아니다. 당연하다고 생각되는 것들이 어쩌면 당연하지 않을 수 있다. 기억을 구성할 당시에 부정적 정서로 떡칠이 되어 있어서 다른 사람이 볼 때는 아무렇지도 않은 사실이 개인적으로는 무척 안 좋은 기억으로 남을 수도 있

---

* 실제 일어나지 않은 사건을 일어났었다고 여기는 경우. 이때의 기억은 엄밀히 말해 기억이라기보다 꾸며진 이야기나 착각이라고 보아야 할 것이다. (이영애, 박희경 공역, 기억연구의 실제와 응용, 2002)

고, 그 반대의 경우도 있을 수 있다. 이렇듯 인간의 기억은 불완전한 속성이 있기 때문에 자신의 확신에 대하여 다시 한번 의심을 해야 한다.

확신과 관련된 우월감이라는 또 하나의 기제에 대해 알아보자. 사람들은 종종 자기가 타인보다 뛰어나다고 생각하는 경향이 있다. 이러한 우월감優越感은 한자로, 뛰어날 우優에 넘을 월越, 느낄 감感이다. 이는 '내가 타인을 확실하게 뛰어넘는' 감정이라는 뜻인데, 오스트리아의 정신의학자인 알프레드 아들러Alfred Adler가 처음 사용한 용어이다. 이는 나르시시즘의 하위 유형으로 대개 지나친 자기애, 자기방어적 태도, 이기주의 등의 개념이 혼재되어 있다. 사실 우월감을 부정적인 성향으로 보는 견해 뿐만 아니라 그 이면에 존재하는 자신감 등의 긍정적인 성향의 작용이라고 보는 시각도 있다. 즉, 우월감은 나르시시즘 성향처럼 개인별로 정도의 차이가 있는, 개인을 이해하는데 도움이 되는 개념이라는 것이다.

1988년 셸리 테일러와 조너선 브라운Shelley Taylor and Jonathan Brown은 우월감에 대한 흥미로운 논문을 하나 발표했는데, 인간은 일상적으로 자기 자신을 과대평가하고, 타인들을 과소평가한다는 내용이었다. 이것을 우월의 착각 또는 과신 편향overconfidence bias이라고 한다. 필자 부부는 볼링치는 것을 좋아해서 종종 시합에도 나가는데, 늘 이 과신 편향이 발목을 잡는다. 시합 나가기 전에 출전 선수 명단을 살펴보는데, 다들 우리보다 못 치는 사람들이라고 만만하게 생각한다. 그러다 큰 코 다치는 경우가 한두 번이 아니면서 아직도 부부는 우월의 착각 속에서 헤어나질 못한다.

리더가 이러한 우월의 착각 속에 빠지는 것은 포지션 파워position power 때문이다. 회사에서 팀, 파트 등의 단위 조직에 대한 책임과 역할을 공식적으로 부여받게 되면, 즉 포지션 파워가 주어지면 리더는 자신이 부하들보다 월등하게 역량이 뛰어나다고 착각을 하는 경우가 왕왕 생긴다. 이러한 착각이 리더 자신의 능력과 자질에 대해 과장된 확신을 이끄는 것이다.

리더의 일은 늘 '납기Delivery'와 '질Quality'에 의하여 평가된다. 이 둘은 다소 트레이드오프trade-off 관계이긴 하지만, 경영진은 둘 다 잘하는 리더를 좋아한다. 당연한 현상이다. 어쨌건 리더들은 늘 시간 압박을 받게 되는데, 시간을 지키기 위하여 자신의 과거 성공에 기초한 경험(전형)의 패턴들을 주로 참고하게 된다. 바로 이 패턴이 무의식적으로 발현되는 것이 1화에서 소개한 대표성 휴리스틱이다. 이러한 대표성 휴리스틱은 리더의 확증 편향을 끄집어내는 마중물 역할을 한다. 여기에 우월의 착각까지 더하게 되면 더욱 자기만의 확신이 강화되는 것이다.

직관형 리더의 경우 빠르게 처리해야 할 의사 결정 장면에서 이러한 대표성 휴리스틱이 툭하고 떠오르면 '즉각 지시'보다는 '잠시 멈춤'의 시간을 갖도록 제언한다. 그리고 자신의 기억이 확실하게 맞는 것인지 되돌아보도록 하자. 그리고, 자기 우월감에 빠져있지나 않은지 성찰도 해보자. 다음 챕터에서는 대표성 휴리스틱과 비슷하지만, 기억의 가용성 측면에서 판단하는 가용성 휴리스틱에 대해서 알아보도록 하자.

스스로 탐침 질문

1 나의 의견과 타인의 의견이 다를 때 어떻게 조율해야 하는가?

2 부하 직원의 의견이 말이 안 된다고 생각이 들 때, 나는 어떻게 대응해야 하는가?

3 내 생각이 확실하다는 느낌이 들 때, 그 확신의 근거를 어떻게 확보할 것인가?

조직 내 리더분들에게

자신의 기억을 의심하세요. 무엇보다 중요한 것은 '기억'보다는 '기록'입니다. 또, 자기 우월감은 리더의 시야를 가립니다. 낮은 곳에서 바라볼수록 보이는 곳이 더 넓어집니다.

3화

아, 이건 어제 배운건데 알려줄게
〈오지랖 박사 리더〉

국내 유명 택배 물류업체에 근무하는 K 상무의 별명은 오지랖 박사다. 자기 일도 아닌데 툭하면 훈수를 던진다. 특히, 자기보다 높은 지위의 임원 앞에 있으면 더 그러한데, 오늘 회의할 때 모습이 대표적인 예이다.

오늘의 회의 안건은 고연차 직원들의 직무 재배치 건이었다. 최근 회사에서는 코로나 팬데믹으로 인한 긴축 재정 전략과 인력 구조조정을 실시해야 하는 상황이었는데, 이와 관련하여 연차가 높은 직원들을 명예퇴직 대신에 직무 재배치하자는 인사부서의 의견을 검토하는 것이었다.

아마도 인간 존중 경영이라는 기업 가치를 훼손하지 않으면서도 구조 조정 효과를 노리려는 대안 같았다. 직무 재배치의 주 타

깃은 수석 부장급 이상의 직원들이었다. 약간의 이견은 있었지만, 인사부서의 설득에 의해 직무 재배치 안은 통과되었고, 세부적으로 어떤 직무에 배치해야 하는가에 대하여 추가적으로 논의가 진행될 때였다.

"뭘 그리 고민합니까? 마침 연수원에서 직무 교육 담당 교관들이 필요하다고들 하던데요, 교관으로 발령내면 되지요… 수십 년간 쌓은 회사 경험들이 후학 지도에 쓰이면 얼마나 좋겠습니까? 제가 최근에 세미나에 갔다 온 게 생각나는데, 사내 강사들을 잘 활용하는 회사가 조직 문화도 탄탄해지고 내부 인력 성장에도 외부 강사들보다 훨씬 도움이 된다던데요. 그들이 마지막 불꽃을 살라 우리 회사의 변화의 구심점 역할도 할 수도 있고요, 마침 저희 부서 필수 교육인 영업이나 마케팅, 브랜드 전략 등등 세부 과목들도 많은데 잘 되었지요, 뭐."라고 K 상무가 제안을 했다.

K 상무의 느닷없는 이야기에 연수원장인 H 상무의 얼굴이 점차 일그러졌다. 회의의 두 번째 어젠다가 '교관 및 사내 강사의 강의 품질 향상 건'이었는데, K 상무의 제안을 받아들이면 연수원에서 준비한 대안들이 쓸모 없어지기 때문이다. 한 사람의 교관이나 사내 강사를 훈련시키려면 많은 비용, 시간과 노력이 투입되는데다, 기본적으로 성격과 발표력, 직무 고과 등을 잘 가려 선발해야 사내 강사로서 성공할 수 있는데, K 상무는 너무나 쉽

게 대안을 제시해버렸던 것이다. 아무런 강의 경력도 훈련 과정도 없이 수석 부장들을 강사로 재배치하게 되면 강의 품질은 장담할 수가 없다. 게다가 CEO가 올해는 내부 교육체계 재편과 교육 효과 제고에 대해 연초부터 강조해왔던 터였다.

경영진에게 나름 합리적 의견을 제시했다는 의미의 득의만면한 미소를 지으며 오지랖 떠는 K 상무를 바라보며 H 연수원장의 마음은 점점 무거워져 갔다.

◆

K 상무의 행동은 어떤 문제가 있을까?

리더는 다수의 의견을 조율하여 최종 결정을 내려야 하는 포지션이다. 이때 문제나 이슈의 핵심, 즉 본질을 봐야 하는데, 종종 심리적 방해꾼 하나가 나타나 훼방을 놓곤 한다. 방해꾼은 다름 아닌 최근에 인상 깊었던 정보들이나 학습된 지식들이다. 아니 이게 무슨 말인가? 새로운 정보 습득이나 학습은 무조건 좋은 것 아닌가? 그런데 잘 생각해 보자. 숙성된 장아찌나 잘 익은 김치가 맛도 좋고 몸에도 이로운 이유는 적절한 발효 타이밍 때문이다. 마찬가지로 적시에 정확하게 응용되는 정보, 지식들은 매우 유용하다. 하지만, 지나치게 섣부른 지식의 응용은 설익은 겉절이로

배앓이를 하듯이 예기치 못한 리스크와 혼란을 초래할 수 있다.

사람들이 어떤 딜레마 상황에 빠지거나 이슈를 해결하는 상황에서 이렇게 최근의 지식이나 정보의 영향을 받는 것을 가용성 휴리스틱Availability heuristic, 또는 제한된 주의limited attention라고 한다. 일반적으로 사람들은 자기가 보유한 지식, 정보에 대해 균질하게 평가를 하기보다는, 머릿속에 순간적으로 잘 떠오르는 것에 대하여 상대적으로 높은 평가를 내린다. 이를테면 햄버거 매장에서 콜라를 선택할 때 자동적으로 코카콜라 아이콘을 누르는 상황이 그것이다.

이러한 현상은 최근 노출된 정보나 지식에 대하여 다른 것보다 친숙하게 느끼게 되고, 그 느낌에 대해 그 친숙한 정보나 지식이 다른 것에 비해 장점이 더 많다고, 즉 가용성이 좋다고 잘못 해석을 하기 때문이다.

상황문에서 K 상무는 최근 다녀온 세미나의 내용을 머릿속에 떠올리며 자신의 의견을 제시하였다. 아마도 세미나에서 학습한 사내강사 활용의 장점이 머릿속에 남아있었던 듯하다. 하지만, 한 명의 사내 강사를 키우기 위해서 얼마나 많은 비용과 노력이 들어가야 하는지, 또 인재 개발 부서에서 교육 효과를 높이기 위하여 어떤 정책들을 수립하고 있는지 등을 다양하게 고려해야 하는데, 그러지 못했다. 게다가 다른 부서의 중요한 정책에 영향을 미치는 대안을 사전 협의도 없이 생각나는 대로 이야기했다는 것은, 기본적인 배려 정신도 없는 인물인 듯 하다.

아모스 트버스키Amos Tversky와 대니얼 카너먼Daniel Kahneman은 이러한 현상과 관련된 다음과 같은 재미있는 실험을 했다. 학생들에게 1분 동안 4페이지 분량의 소설을 보여주고 아래의 질문을 했다.

① 소설에서 7개의 철자로 된 단어 중에 -ing로 끝나는 단어는 몇 개인가?

② 소설에서 7개의 철자로 된 단어 중에 여섯 번째 철자가 n인 단어는 몇 개인가?

실험 결과 피실험자들은 1번 질문에 평균적으로 13.4개라고 답하였고, 2번 질문에는 4.7개라고 응답하였다. 그런데 사실 참가자들의 이러한 답변은 논리적으로 말이 안 된다. 철자가 7개인 단어 중 ing로 끝나는 단어는 여섯 번째 문자가 반드시 n이기 때문이다. 그래서 논리적으로 판단한다면 ①번 질문의 답은 ②번 질문의 답 안에 포함된다. 따라서 ①번 질문의 답은 ②번 질문의 답과 같거나 더 적을 수밖에 없다.

이러한 현상은 왜 일어나는 것일까? 사람들은 상대적으로 ing

로 끝나는 단어는 떠올리기가 쉽고, 여섯 번째가 n인 단어는 잘 생각나지 않기 때문에 전자가 더 많다고 생각하기 때문이다. 이렇게 사람들은 기억에 잘 떠오르는(이것을 '가용성이 높다'라고 표현한다.) 정보를 가지고 판단하기 때문에 종종 판단의 오류를 범한다.

필자의 부하 직원들 중 총무 담당 직원이 한 명 있었다. 처음 조직장으로 부임했을 때에는 꽤 호감이 가는 친구였는데, 한 달 정도 있다 보니 이 직원에 대해 여러 가지 안 좋은 소문이 들리기 시작하였다. 경비원들에게 함부로 갑질을 한다든지, 공휴일에 자기는 나오지도 않으면서 특근한 것처럼 공사 현장 사진을 찍어 보낸다든지 하는 것들이었다. 승진, 전보 인사 직전에 이 직원에 대해 기억을 떠올려보니 그런 나쁜 소문들이 먼저 떠올랐다. 그래서 이참에 다른 계열사로 전보 조치를 해야겠다고 윗분들께 건의를 하고 실제로 3개월 간 전보를 보냈다. 3개월 후 다시 합류를 시켜 좀 더 같이 근무해 보니, 그 직원은 오히려 부서에 꼭 필요한 사람이었다. 괜한 소문에 필자가 먼저 반응해 잘못 판단한 것이었다. 가용성 휴리스틱에 당한 것이다.

그렇다면 이러한 가용성 휴리스틱에 의한 의사 결정 리스크에 대해 어떻게 하면 잘 대응할 수 있을까? 여러 대안이 있겠지만 필자는 집단 의사 결정 방식을 제안해 본다. 미국 알바니 대학의 게리 유클Gary Yukl 교수는 요구되는 의사 결정의 질Quality이 높

결정의 질	결정에 대한 부하의 수용	
	부하의 수용이 중요하지 않음	부하의 수용이 중요함
중요하지 않음	독단 결정	집단 결정
중요하지만 리더가 충분한 정보 있음 구성원은 리더 목표를 공유	독단 결정	집단 결정
중요하지만 리더가 충분한 정보 있음 구성원은 리더 목표를 공유하지 않음	독단 결정	협의 결정
중요하며 리더는 필요한 정보 없음 구성원은 리더 목표를 공유	협의 결정	집단 결정
중요하며 리더는 필요한 정보 없음 구성원은 리더 목표를 공유하지 않음	협의 결정	협의 결정

규범적 의사 결정 모형(by G. Yukl)

은 것일수록, 리더가 충분한 정보를 보유할수록, 그리고 의사 결정에 대한 부하들의 수용이 필요할수록 이러한 집단 결정형 의사 결정 시스템이 조직에 유용하다고 한다. 즉, 회사나 조직의 이슈가 발생할 때 중요한 판단일수록 집단 결정하는 것이 좋겠고, 리더가 해당 이슈에 대해 많은 정보를 가지고 있을 때에도 집단 결정이 유용하다는 것이다. 또, 이러한 결정의 결과로 결국 부하들도 같이 책임을 분담해 져야 하므로 그 효과가 더 커질 것은 자명하다.

정리해 보면, 가용성 휴리스틱은 첫인상이 강렬할수록, 최근에 자주 접한 정보일수록, 충격적인 영향이 있을수록 가장 먼저 머리에 떠오르는 휴리스틱 기제이다. 사람들은 이러한 휴리스틱을 바탕으로 종종 비합리적인 판단을 내린다. 직관형 리더는 이러한 심리 기제를 꼭 기억했다가, 의사 결정 전에 '아차~ 혹시 이 결정이 가용성 휴리스틱에 의한 것은 아닐까?'라는 생각을 해보고 팔로워들과 충분히 논의해서 결정하길 바란다.

스스로 탐침 질문

1 최근 의사 결정 장면을 떠올려 보자. 나의 의견이나 발언 중에 최신 정보나 지식을 섣불리 내뱉은 것이 있는가?

2 그 정보나 지식이 당시 의사 결정 장면의 맥락에 충분히 맞는 것이었는가?

3 좀 더 질 높은 의사 결정을 위해서 리더는 직원들에게 어떻게 자신의 정보와 지식을 전달해야 할까?

조직 내 리더분들에게

리더 여러분, 평소 여러 정보나 데이터를 습득하고 학습하는 일은 매우 중요합니다. 하지만 그것이 머릿속에 떠오른다고 그 즉시 말하거나 판단하면 안됩니다. 의사 결정을 하기 전에 동료나 팔로워와 사전에 충분히 의논하세요. 그래도 늦지 않습니다.

공정성 휴리스틱

fairness heuristic theory

린드Lind,E.A.라는 학자는 구성원이 타인이나 집단, 조직에 대하여 협력적인 행동을 할 것인가를 결정함에 있어, 만약 자신이 공정한 대우를 받는다고 인식하기만 하면, 그것만으로도 공정성 휴리스틱이 발생하여 협력적인 행동을 하게 된다고 하였다.

이 말을 뒤집어 해석하면 자신이 공정하지 못하다고 깨닫는다면, 비록 자기가 손해 보더라도 조직 내 일탈 행위나 규범을 어길 가능성이 높다는 이야기이다.

어렸을 때를 한 번 생각해 보자. 설 명절이다. 가부장적인 아버지가 장남과 차남을 차별하며 세뱃돈을 주었다. 이때 성격이 괄괄한 차남은 울며불며 자기에게 준 세뱃돈마저 내동댕이친다. 차남은 당연히 부모님에게 혼나고 자기가 받았던 세뱃돈마저 압수

당한다. 아무 선물도 안 받았을 상황과 대비해 보면, 비록 형보다 적지만 돈이 생기는 것 아닌가? 그런데 형은 많이 주고 자기는 적게 받았다고 판 자체를 인정하지 않는다. 이상한 결정이다.

이렇듯 공정성 휴리스틱은 전통적인 합리적 의사 결정을 뒤집는 편향이다. 이와 관련된 에피소드 2가지를 소개해본다.

4화

나는 한 번 신뢰한 사람만 믿어
〈내 사랑 내 곁에 리더〉

CEO로부터 연초에 그룹 방향성이 내려왔다. 핵심 지침은 변화와 혁신 조직문화 원년 만들기…경영에서 가장 어렵다는 혁신 문화 정착에 대한 것이었다. CEO는 창업주의 2세로, 평소 70년대 근대화 냄새가 풍기는 전통적인 기업 가치 보다는, 마켓 지향적이고 생동감이 넘치는 조직 분위기를 강조해왔다.

실제 그는 매우 역동적이며 비즈니스의 큰 흐름을 잘 파악하는 리더로 소문이 나있다. 다만, 디테일에 약한 것이 흠이었고, 몇몇 신뢰하는 중역을 제외하고는 사람을 잘 믿지 못하였다. (최근 기획실장이 CEO의 신뢰를 흠뻑 받는 것으로 알려져 있다)

CEO는 변화와 혁신의 조직문화 원년이라는 과업과 관련하여 기획실, HRhuman resource실, 홍보실 책임자를 불러 자신의 생각을 자세하게 설명하였다. 미팅이 끝난 후, 각 실 책임자들은 따로 다시 모여 CEO의 의중에 대해 의견을 교환하였다. 아마도 신사업 론칭이 대대적으로 예정되어 있는 내년 초를 대비하여 우선 조직을 단합하려는 의도일 것이라고 실무 리더들의 의견이 모아졌다.

이럴 때 실무 부서에서 중요한 이슈는 누가 총대를 매는가이다. 왜냐하면 조직문화라는 것이 한순간에 뭔가 한다고 해서 변화되는 것이 아니기 때문에 자칫 칭찬보다는 질책을 받기 쉬운 과제이기 때문이다. 그래서인지 회의는 방향성에 대한 심도있는 토론의 장이 아니라 상대 조직의 역할과 책임을 논하며 과업을 미루는 갈등의 장이 되어버렸다.

HR 실장 입장은 변화와 혁신이라는 주제는 회사 모든 조직에 공통적으로 영향을 미치는 것이기 때문에 기조실에서 컨트롤 타워 역할을 해야 한다는 것이었다. 이건 어느 정도 일리 있는 말이었다. 왜냐하면 변화와 혁신이라는 주제는 일의 프로세스 전체를 다시 들여다 봐야 하는 것이기 때문이다. 하지만 기조실장은 CEO의 지시를 조직문화 관리 업무로 축소하면서, 이 업무는 HR 실의 고유 권한이 아니냐라며 맞받았고, 홍보 실장은 자신의 업무가 주로 대외 업무이므로 (홍보용으로 사용하도록) 나중에 프로젝트의 결과만 공유해 달라고 하였다.

결국, 첫 회의는 별 성과 없이 끝난 듯 했고, 이후 두어 번 회의가 열렸으나 바쁜 연초 일정에 묻혀 한두 달이 지나가 버렸다. 사실 연초에는 어느 조직이나 비슷하지만, 기획실은 CEO의 오만가지 수명 업무를 처리하기 바쁘고 홍보실은 대외 이슈에 대응하느라 정신이 없다. 그러다 보니 어쩔 수 없이 HR 실만 세부 플랜을 세우고 있었는데, 예를 들면 빅데이터를 활용한 조직 진단 프로그램이나 붐업 캠페인 활동의 효과성 연구 등이었다. 일부는 실행 단계까지 진척이 된 것도 있었다.

그러던 어느 날, CEO는 기획실장을 불러 변화와 혁신의 조직 문화와 관련된 프로젝트가 어느 정도 진행되고 있는지 물었다. 이에 기획실장은 자세하게 상황을 파악하지도 않은 채, 조직 진단과 기존 제도 점검 등을 실시하고 있고, HR 실과 홍보실에서 후속 조치를 실행할 것이라고 보고하였다.

이 소식을 전해 들은 HR실의 구성원들은 다소 황당하다는 반응을 보였다. 이미 조직 진단이나 캠페인 실행과 관련해서는 HR 실에서 관련 부서에 협조 공문까지 발송한 상태였고, 각종 HR 시스템 점검 등도 하반기에 플래닝 해 두었는데 갑자기 후속 조치를 취하라니 이게 무슨 엉뚱한 말인가 하는 것이었다. HR 실장 또한 당혹스러웠지만, HR 실원을 다독이며 일을 계속 추진하였다.

6개월이 지나 어느덧 연말이 가까워졌다. 그동안 조직 진단과 리더십 진단, 조직문화 캠페인과 전사 교육 등을 힘들게 끝내고, 드디어 결과 보고를 준비하게 된 HR 실장…

CEO에게 보고하기 며칠 전, 그는 먼저 기획실장과 홍보실장에게 결과를 공유하였다. 비록 그들이 프로젝트에 실질적으로 기여한 것은 거의 없지만, 그래도 같이 지시를 받았으니 결과 공유는 당연하다고 HR 실장은 생각했다.

그런데 보고 예정 전날, 비서실과 시간을 조율하던 HR 실장은 깜짝 놀랐다. 기조실에서 HR 실의 결과 보고서를 바탕으로 이미 CEO에게 보고를 하였다는 것이다. 게다가 CEO는 그 내용에 흡족해하며 기조실장에게 수고했다는 칭찬과 함께 백만 원 상당의 금일봉까지 전달하였다는 것이다. (그의 말로는 HR 실과 홍보실과 나눠서 회식하라고는 했단다.)

HR 실장은 기획실장에게 항의를 하였지만, 그는 미안하게 되었다면서 CEO가 갑자기 물어봐 어쩔 수 없이 급하게 구두 보고를 드렸다고 변명을 늘어놓았다. 기획실이 CEO의 직할 부서로 편재되어 있는 터라, CEO의 지시와 요구사항에 즉각 대응할 수밖에 없다는 것은 잘 알려져 있긴 하였다. 그럼에도 불구하고 '재주는 곰이 부리고 돈은 중국인이 번다'는 생각을 HR 실장은 지울 수가 없었다. 또, 무슨 일이던 기획실장만 불러 먼저 지시하는 CEO에 대한 원망도 일어났다.

✦

　다소 부풀려진 상황문일 수 있는데, 사실 조직 생활을 하다 보면 조직 간의 밥그릇 챙기기와 눈치 경쟁, 이로 인한 사일로 현상 발생 등 상기 상황과 유사한 장면들이 많이 목격된다. CEO는 이에 대하여 부서 이기주의 타파니, 조직 시너지 창출이니 하면서 부정적 조직 문제들을 해결하라고 압박하지만, 이러한 지시는 실질적 효과가 거의 없다. 왜냐하면 조직은 일종의 살아있는 유기체이므로 이기적인 생존 본능이 이타적인 시너지를 내라는 지시보다 앞서기 때문이다. 태어나면서부터 조직은 다른 조직과 끊임없이 이해관계를 다투며, 가급적 모든 이슈에서 자신의 입장을 유리하게 내세우려 한다. 필요하면 다른 조직을 없애거나 자신의 영향력 밑으로 합병하기도 한다.

　전체를 조망하는 CEO 입장에서 보면 답답할 수 있다. 그런데 이러한 현상을 부정적으로만 보거나 외면하려는 리더는 단순한 사고의 소유자이거나 순진한 리더라고 밖에 할 수 없다. 오랜 경험을 가진 리더는 조직의 모습 그대로를 인정한다. 또, 이러한 상황을 잘 관찰하고 활용한다. 그는 조율자의 입장에서 조직 상호 간의 관계를 이해하고 서로 협상하게 만든다. 그리고 그 과정과 성과에 대하여 피드백할 뿐이다. 그런데 여기서 중요한 가치가 등장한다. 바로 공정성의 문제이다. 상황문에서 HR 실장은 열심히 일하고도 성과에 대해 다소 억울한 상황을 당했다. 일을 실질적으로 수행한 주체도 제대로 파악하지 못한 CEO에 대하여 공정하지 못하다고 생각했을 것이다.

요즘 대한민국은 공정성에 대하여 MZ 세대를 비롯한 젊은이들의 저항적 목소리가 거세다. 2018년 평창 올림픽 아이스하키 남북 단일팀 논란에서 시작하여 S그룹의 성과급 문제* 논란 등 MZ 세대들이 기성 사회의 공정성에 대하여 도전을 하고 지적하고 있는 상황인데, 이런 이슈들의 핵심은 공정성의 여러 가지 측면**중 주로 절차적인 공정성에 대한 내용들이다.

토마스 피케티Thomas Piketty 등 서구의 학자들이 지속적으로 공정성 논란을 지피는 거대 담론은 주로 분배와 관련된 공정성 이슈이며 X세대들의 주요 관심사항이었다고 하면, 절차의 공정성은 '에라 이렇게 된 바에야 형식이라도 공정해야지…'라는 식의 'MZ 세대들의 게임룰'에 관한 것이라 할 수 있다.

그런데 이러한 공정성 이슈가 MZ 세대만의 전유물일까? 그

---

* 2021년 S 그룹의 젊은 직원들을 중심으로 '성과급의 산정 기준 투명 공개'를 요구한 사건.
** 학자들은 공정성을 주로 분배의 공정성, 절차적 공정성, 상호 작용 공정성으로 나눈다. (Greenberg,1990, Bies & Moag,1986)

이전의 X 세대와 산업화 세대 등은 공정성에 대해 민감하지 않았단 말인가? 아닐 것이다. 산업화 세대나 X 세대들도 당연히 공정성에 대해서 생각했을 것이다. 다만 당시 권위주의적 사회 속에서 숨죽여 참았을 뿐이다. 그러므로 MZ세대의 공정성 인식이 특히 예민하다기보다는 공정하지 못한 일에 대해 적극 소리 높여 '말할 수 있는' 시대에 태어났기 때문에 최근의 공정성 이슈가 두드러진 것이라고 생각된다. 그렇다면, 공정성 문제는 개인이나 세대 전체의 특성이라기보다 사회 분위기나 조직 문화의 수용성 문제인 듯하다. 조직이 공정성을 어떻게 추구하느냐는 리더의 큰 책무이자 숙제가 아닐 수 없다.

재미있는 것은 공정성 문제가 인간들만의 사회적 문제라 여기기 쉽지만, 사실 진화론적으로 볼 때 동물의 본능적 문제이다. 척추동물을 연구하는 영장류학자 프란스 드발Frans B. M. de Waal과 세라 브로스넌Sarah F. Brosnan은 카푸친 원숭이(흰목꼬리원숭이)를 대상으로 '원숭이들이 불평등한 보수를 거부하다Monkeys reject unequal pay'라는 제목의 재미있는 실험을 하고, 그 연구 결과를 2003년 네이처지에 실었다.

이 실험에서 연구진은 카푸친 원숭이들에게 토큰(화폐)을 주고 먹이를 먹기 위해서는 반드시 토큰을 지불하도록 훈련시켰다. 먹이는 두가지로 수분만 많고 맛없는 오이와 달콤하고 맛있는 포도였는데, 일반적으로 원숭이들은 두 가지 먹이 중 포도를 아주 선호한다. 원숭이들을 두 마리씩 짝지어 한 마리에게는 오이, 다른 한 마리에게는 포도를 토큰과 교환하자, 포도 대신 오이를 받은 원숭이들이 강한 거부감을 표시하거나* 아예 먹이 자체를 거부하였다. 내 먹이를 다른 원숭이의 먹이와 대조하지않는 일반적인 상황에서는 오이를 받고도 토큰을 지불하지않는 비율(즉 토큰 지불 규칙을 잊어버린 상태)이 약 5% 였는데, 자기는 오이를 받고 옆 원숭이는 포도를 받는 것을 확인하는 순간(즉, 자신이 불공정하게 대우받는 것을 인지하는 경우), 거부율이 높게는 80%까지 상승하였다.

　이러한 실험에서 저자들은 원숭이들이 정당한 노력에 대해 다른 원숭이가 더 나은 대접을 받게 되면 거래에 참가하는 것 자체를 거부하는 경향, 즉 불공정성의 심리를 인지한다는 것을 알게 되었다. 이 실험은 조류(까마귀 등)나 개, 코끼리, 침팬지 등을 대상으로도 확대 실험이 진행되었는데, 대개의 경우 상기 실험과 같은 결론이 생물학자들의 연구로 계속 입증되고 있다. 드 발 교수는 이 현상에 대해 "생물의 뇌의 매우 오래된 부분이 도덕적 결정에 관여한다'는 신경학적 증거로 입증되었다고 밝혔다. 아마도 이러한 공정성 기제의 밑바탕에는 개체들의 '자존심'이나 '무시

---

* 심지어는 오이를 조련사에게 던지는 일도 발생하였다.

감에 대한 반발' 등이 있지 않을까 추론을 해본다. 성공회대 하종 강 교수는 이 실험을 두고, 정의감은 학습의 결과가 아니라 진화 되어 온 본능적 특성이라고 해석하였다.*

이러한 공정성에 관한 영장류 실험과 비슷한 실험이 인간을 대 상으로 1980년대에 수행되었다. 독일의 경제학자 베르너 귀스 Werner Güth는 '최후 통첩 게임'이라는 것을 고안해 내었는데, 이는 전혀 모르는 사람과 한 조를 이루어 10만원을 나눠가지는 게임 이었다. 게임 규칙은 단 두 가지였다. 즉, 10만 원을 A라는 사람 (제안자 역할)에게 주고 다른 한 사람 B에게 얼마를 나누어 줄 것 인가 결정하라는 것이고, 만약 B가 A의 금액 제안이 마음에 안 들어 거절하면 실험자가 A, B 모두에게서 10만 원을 다시 회수 하는 것이었다. 즉, A와 B가 적당한 금액을 나누어 가지면 제안 한 금액만큼 이익이 되지만 제안을 거절하여 소위 '파토'가 나면 A, B 모두 한 푼도 가질 수 없는 것이었다. 기회는 단 한 번 뿐이 고 한 번 제안한 이후에는 절대 협상 불가 조건이다. 여러분이 수 락자 즉, B의 역할이라고 하면, 상대자인 A가 10만 원 중 천 원만 주고 자기가 9만 9천 원 가지겠다고 하면 수락하겠는가?

사실 우리 모두가 진정한 경제적 인간(호모 이코노미쿠스)이라

---

* 하종강의 노동과 꿈, 2004

면 제안자 A는 가능한 한 자신의 이익이 극대화되는 방향으로 의사 결정을 내릴 것이고, 수락자 B 역시 1원이라도 받게 되면 그 제안을 받아들이는 게 맞을 것이다(아무 것도 없는데 꽁돈 1원이라도 생기는 것이니까). 그런데 실제는 그렇지 않았다. 실험 결과, 제안자 A가 20% 이하로 제안을 하면 수락자 B는 대부분이 거절했다고 한다. 신기하다. 자기 주머니에 돈이 들어오는데 거절하다니! 그래서인지 어쨌는지 모르겠지만, 제안자들의 실제 분배 제안은 99:1%가 아니라 평균 40~50% 선이었다고 한다. 다행이다, 다들 양심이 살아있다. 필자가 리더십 교육을 진행하면서 실제 실험을 해봤는데 거의 이 수치와 비슷했다. 어쨌건 전통적인 경제학적 관점으로 보면 (20% 이하로 제안을 할 경우) A와 B 모두 이해가 가지 않는 행동을 했다. 왜 그랬을까? 이유는 바로 공정성fairness 때문이다.

아까 살펴보았듯이 공정성은 동물의 오랜 진화 과정 동안 나타난 '개별자에 대한 자존심', '무시' 등과 관련된 심리적 기제이다. 따라서 한 번 불공정한 제안을 받아들이면 상대는 계속해서 내게 불공정한 제안을 할 테고 이는 결국 현재 나의 자존심과 명성에 치명적이며, 미래의 경제적 이익에도 부정적 영향을 미치게 된다. 그래서 인간은 자존심을 지키기 위해 형편없는 제안을 한 상대에게 복수를 하기 위해 당장은 이익이 안 나더라도 불공정한 제안을 거절하게 된다는 것이다.

궁극적으로 공정성에 대한 감정은 평등에 대한 인지에서 비롯된다. 이스라엘 역사학자 유발 하라리는 자신의 저서인 호모데우스에서 위 사례를 이야기하며 인간을 타고난 평등주의자라고 이야기한다. 이러한 평등에 대한 인지는 절대적 수준보다는 상대적 수준에 영향을 많이 받는다. 비교 집단이 자신이 속한 집단보다 상대적으로 우월할 경우 인간은 불행을 느낀다. 선진국으로 갈수록 행복지수가 떨어지는 이유도 바로 이러한 영향 때문일 것이다. 2011년 세계에서 가장 행복한 나라로 꼽힌 부탄이 8년 뒤 2019년 조사에서는 95위로 하락하며 행복지수가 급락한 이유도 비슷한 맥락이다. 급격한 도시화로 부탄에 인터넷과 SNS 등이 발달하면서 국민이 자국의 빈곤을 알게 되고 다른 나라와 비교하기 시작하면서 행복지수가 급락한 것이다.

상황문의 HR 실장은 아마도 이러한 불평등에 대한 인지로부터 공정성이 훼손되었고 무시를 당했다고 느꼈을 것이다. HR실을 배려하지 못한 기획실장의 잘못도 있지만, 사실 그의 전적인 잘못이라기보다는 지시만 내려놓고 과정을 제대로 파악하지 못한 리더 CEO의 잘못도 크다고 판단된다. 조직 분위기를 흩뜨리고 직원들의 직무 동기를 꺾는 것 중 가장 큰 것이 바로 이러한 직장 내 공정성의 문제이다. 그리고 상황문에서 살펴보았듯이 공정성은 리더의 리더십 행동과 매우 관련이 깊다.

리더십 이론 중 LMX 이론이라는 것이 있다. Leader–Member Exchange의 약자로 리더와 직원 간의 사회적 교환의 질이 리더십에 영향을 준다는 이론이다. 쉽게 이야기하자면, 리더와 직원 간의 관계가 좋으면 더 높은 직무만족과 성과를 가져온다는 것이다. 당연하다. 그런데 이 이론은 한 가지 가정Assumption이 존재한다. 리더에게는 내집단In-Group과 외집단Out-Group이 있다는 것이다. 이것이 직원들의 공정성과 관련이 깊다.

내집단은 리더와 직원 간의 높은 신뢰와 충성심이 있는 관계이고, 외집단은 낮은 교환과 상의하달식 소통으로 리더와 직원 간에 사회적 유대가 거의 없거나 전혀 없는 구성원간의 관계를 말한다. 결과적으로 리더는 내집단 즉 자기와 친한 직원에게 더 큰 영향력을 행사하고, 외집단에 속한 직원에게는 내집단보다 영향력을 덜 행사한다는 것이다. 아마도 상황문의 기획실장은 CEO의 내집단 멤버 관계이고 HR 실장은 그렇지 못했던 것 같다. 그러니 HR 실장이 억울한 마음이 들고 상대적으로 공정하지 못했다고 느낄 수밖에 없었을 것이다.

내 맘에 드는 직원도 있을 것이고 아닌 직원도 있겠지만, 리더는 겉으로나마 애정 표출을 함부로 해서는 안 되는 까닭이 바로 여기에 있다. 직원들은 공정성에 가장 민감하다. 이러한 공정성은 내용과 절차, 사회적 작용 측면에서 3가지 유형으로 나눌 수 있는데, 다음 5화에서는 이와 관련된 이야기를 다루어 보려 한다.

스스로 탐침 질문

1 내가 공정하지 못한 처우를 받았던 경우를 생각해보자. 무엇 때문에 그렇게 느꼈는가?

2 부하 직원들을 내집단과 외집단으로 나누어보자. 외집단 직원들을 어떻게 내집단화 할 수 있을까?

3 평소 부하 직원들이 공정하지 못하다고 생각하는 것은 무엇이 있을까? 공정함을 느끼게 하려면 어떻게 해야 할까?

조직 내 리더분들에게

조직은 혼자 뛰는 100m 단거리 경주가 아닙니다. 동료와 같이 뛰는 10Km 계주이지요… 나만 잘 뛰어봤자 결코 이길 수 없는 경기입니다. 동료, 부하 직원, 협력업체 모두에게 손을 내밀어주세요. '모두 같이'가 '모두를 위한 공정한 가치'가 될 수 있도록!

5화

어느 탁월한 TFT의 비극
〈시크릿 리더〉

국내 10대 그룹 H사의 비엔날레 TFT는 새로운 예술 문화 사업 기회를 창출하려는 의도로 올 초 출범하였다. H 그룹은 문화 예술과 관련된 인적 물적 자산이 상당한 수준이었지만, 컨트롤 타워의 부재로 인하여 각자 따로 놀고 있었는데, 이것을 TFT에서 신사업 전개라는 새로운 목표를 중심으로 묶어서 추진할 수 있게 되었던 것이다.

기존에는 계열사별로 담당자도 각양각색이었다. 즉, 큰 계열사의 경우는 예술팀을 따로 두고 도슨트와 큐레이터도 채용되어있는 반면, 작은 계열사는 총무팀이나 관리팀에서 비전문가가 자산 관리 업무의 하나로 진행하고 있었던 것이다.

하여튼 이리저리 계열사 담당자를 끌어모아 팀원은 총 10명으로 구성하고, 예술기획 전문가인 팀장 W를 외부에서 경력 채용하여 TFT를 출범하였다. W 팀장은 비록 큰 조직에서 근무한 적은 없었지만 현대 예술 전반에 걸친 탁월한 식견을 바탕으로 국내외 문화예술계에서는 상당한 영향력이 있는 인물이었다. 다만, W 팀장은 자기가 하는 전문적인 일 이외에는 조직 경영을 해본 적이 없고, 매우 폐쇄적인 사고를 가진 것이 단점이라는 인사팀의 레퍼런스가 있었다.

TFT의 상반기 업무는 주로 예술 신사업 기획, 홍보였으며, 하반기에는 무료 전시회를 진행하였다. 제프 쿤스나 쿠사마 야요이, 해골 그림으로 유명한 데미안 허스트 등 현대 미술의 스타 작품 중심으로, 그룹의 미래 방향성 상징을 주제로 진행한 전시회는 의외로 20대~30대들의 소확행 분위기를 타고 입소문이 퍼지면서 성황을 이루었다. 재무적인 매출은 미미하였지만, 그룹의 이미지와 브랜드 가치가 기존보다 상당히 업그레이드되는 성과를 이루었다고 평가받았다. W 팀장을 중심으로 주말 특근을 마다하지 않았던 팀원들의 덕분이었다.

문제는 성과 평가 시즌이 다가온 연말에 터졌다. 회장의 전격적인 지시에 따라 TFT에 대한 조직 성과급 비율이 월 급여의 300% 수준으로 책정되어, 처음에는 팀원들 모두가 환호성을 내지르는 분위기였다.

하지만, 불과 하루만에 불만과 비난이 TFT내에 팽배하게 되었다. 이유는 성과급 금액의 편차때문이었다. H 그룹은 계열사별로 기본 페이 시스템이 다른데, 여기에서 근본적으로 이러한 상황이 빚어진 것이었다.

예를 들면, A 계열사에 차출되어온 H 대리는 기존에 받던 연봉 시스템을 기준으로 성과급을 1,500만여원(그는 월 기본급 500만원을 받았는데, 이것의 3배이므로 1,500만원)을 책정받은 반면, 그보다 작은 B 계열사에서 파견나온 Y 과장은 불과 900만원 정도(그의 월 기본급 수준은 300만원이라 3배를 곱하면 900만원)를 책정받았던 것이다.

나머지 8명의 팀원들도 각자의 계열사 형편과 급여 제도에 따라 들쭉날쭉한 금액을 성과급으로 받게되어, 상대적으로 금액이 많은 직원들은 표정 관리하느라 애를 썼고, 그렇지 못한 팀원들은 울그락불그락하며 비공개적으로 불만을 표하고 있었다.

W 팀장은 팀원들의 불만을 어느정도 인식하고는 있었으나, 기존 페이 시스템에 대하여 나름 합리적이라고 생각하고 있었기 때문에 경영진에 크게 어필하지 않았다. 계열사별로 적게 벌면 적게 주는 것이고, 많이 벌면 많이 주는 것이 당연한 자본주의의 논리라는 것이 그의 생각이었다. 팀원들의 불만은 시간이 지나면 저절로 사그라들 것이라 생각하고, 폐쇄적이고 내성적인 성격 탓

에 평가 면담조차 제대로 하지 않았다. 그는 다음해 사업계획 수립에만 온 신경을 집중하였다. 결국, 그대로 팀원들에 대한 최종 성과급 책정은 진행되었고, 연말 월급날이 다가오자 팀 분위기는 더욱 흉흉해져 갔다. 불만있는 몇몇 직원은 자사로 복귀하고 싶다고 공식 요구하기도 하였다.

과연 이러한 분위기 속에서 비엔날레 TFT는 올해처럼 팀워크을 맞추어 내년에도 지속적인 성장 발전을 해나갈 수 있을 것인가, 팀 내부에서는 벌써부터 회의적 시선이 감돌고 있었다.

✦

예술 이야기가 나와서 말이지만, 몇 년전, 가수 조영남의 그림 대작사건이 문제가 된 적이 있다. 대법원까지 간 이 사건은 결국 무죄 확정이 되었는데, 그럼에도 뒷맛이 썩 개운치않은 것은 사실이다. 쟁점은 화가의 아이디어만 가지고 조수를 시켜 그린 그림이 과연 그 예술가의 진짜 작품Authorship인가 하는 점이다.

이 사건은 2011~2015년 조씨가 특유의 화투짝 그림 이미지를 무명 화가 ㅅ씨에게 대신 그리게 하고 자기 작품이라며 컬렉터들에게 팔아 1억 5천여만원을 챙긴 사실이 2016년 5월 검찰 수사로 드러나면서 불거졌다. 조씨는 대작 화가에게 화투 그림을 그리게 한 뒤, 자신은 일부 덧칠만 해 20여점을 팔았다. 조수를 썼다는 사실을 고지하지 않고 억대 수입을 올린 것을 검찰은 문제 삼았다. 조씨는 2016년 사기죄로 기소됐고, 그 뒤로 법정 공방이 이어졌다. 검찰은 조씨가 자신의 창작품이 아닌데도 사기 의도를 갖고 컬렉터를 속였다고 의심했고, 조씨는 팝아트 등 현대사조 작가들이 자기 아이디어를 담은 작업을 조수에게 시키는 것은 관행이라고 항변했다. 미학자 진중권씨는 "작품 제작에 조수를 쓰고 말고는 담론의 영역이지 사법당국이 재단할 문제가 아니다"라고 조씨를 거들었고, 한국전업작가협회 소속 작가들, 화랑주들도 각기 찬반 의견을 내어 가세하면서 논란은 더욱 달아올랐다.

2017년 1심 판결은 '유죄'였다. 법원은 징역 10개월에 집행유예 2년을 선고했다. "그림 작업을 주도한 이가 대작 작가였다는 사실은 작품 거래 과정에서 가치 있는 정보인데, 사전에 알리지 않아 구매자를 속였다"며 사기 혐의를 인정한 것이다. 반면, 조씨가 항소해 이듬해 나온 2심 판결은 '무죄'였다. "그림 핵심은 조씨의 아이디어고, 대작 작가는 기술 보조에 불과하며, 조씨가 홀로 모든 그림을 그렸다는 '친작親作' 여부를 중요한 구매 정보라고 단정할 수 없다"는 내용이었다.

(출처: 2020년 06월 26일자 한겨레 신문)

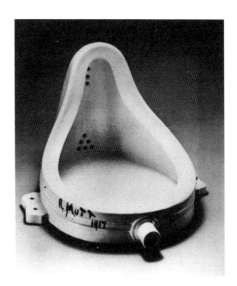

샘(Fountain) 1917, 마르셀 뒤샹, 프랑스 국립박물관연합

사실 현대 미술contemporary art 관점에서는 조영남 사건에 대하여 비교적 관대하고 긍정적인 태도를 보이고 있기는 하다. 프랑스 다다이즘 화가이자 조각가인 마르셀 뒤샹Marcel Duchamp이 뉴욕의 독립미술가협회 전시회에서 인근 철물점에서 구매한 남성용 소변기를 '샘Fountain'*이라는 작품명으로 전시한 이후, 소위 '개념

---

* 기존 작품명 '샘'은 'Fountain'을 번역한 것인데, 일부에서는 '분수'라고 번역해야 한다는 말도 있다. Fountain은 '분수처럼 뿜어져 나오는' 여성의 성기를 의미하는 은어였다고 하며, 생식기관과 배설기관, 미와 추, 고귀함과 비천함, 깨끗함과 더러움의 대립을 표현한 작품이라고 한다.(출처: 블로거 HEEHEENE TEA)

미술'이라 하여 많은 예술가들이 조수들을 채용해 조력, 또는 협업을 하는 것은 현대 미술계에서는 관행처럼 이루어지고 있다는 것이다. 미학자인 진중권씨도 많은 화가들이 조수를 활용한다고 하면서 페이스북에 "몇몇 사람 빼고 수많은 전문가가 엉뚱하게 검찰 편을 들어줬는데, 대한민국 전문가 집단의 민낯을 드러낸 사건이었다"라고 하며 조씨를 응원했다.

아무튼, 조씨가 조수들에게 시켜 완성한 작품들이 그 관행과 기준에 부합된다고 할지라도 공정성의 문제는 피할 수 없다고 본다. 보통, 조수를 고용한 예술가들의 경우 그들에게 합당한 보수와 처우를 제공하는 것이 일반적인데 반하여, 조씨는 조수들에게 작품 판매대금의 몇 백분의 일 정도의 금액(대략 한 작품에 한화 10만원 정도라고 알려져있다)만 지불하였다고 한다.

하청 그림이라 하더라도 그러한 작품 그리는 일이 그리 만만할까? 알려진 바에 의하면 조씨의 화투 그림 시리즈는 단순 채색만 시킨 것이 아니라 어떤 그림은 99%를 조수가 작업하고 조씨는 사인만 하는 정도였다고 한다. 하지만 조수 화가는 그림 하나 완성하기 위하여 몇날 며칠 이상 걸렸을 것이다. 요즘 말로 열정페이, 재능 착취 수준이 아닌가 생각이 된다. 게다가 명확한 하청 계약서도 없이 그림이 팔리면 용돈 주듯이 툭툭 던져주는 식으로 지불하였다고 하는데, 이는 앞서 언급한 공정성 개념 중 절차적 공정성도 문제가 될 수 있다. 또한, 조씨가 평소 조수 화가들을 존중하지않고 하청업체 직원 다루는듯한 부분 역시 공정성 문제가 제기될 수 있는데 이는 주로 상호 작용 공정성 이슈라고 할 수 있다. 어쨌건 조수 화가 입장에서는 지속적으로 일을 하고 급여를 받을 수 있었으나(경제적 합리성), 공정하지 못하다는 인식때문에 판 자체를 뒤집은 것은 바로 공정성 휴리스틱 때문일 것이다.

상황문으로 되돌아가 보자. 위에 언급된 문제의 첫번째 원인은, 신사업 TFT의 보상시스템 때문이다. 보통 신사업 TFT를 기획할 때, 인큐베이션 기간동안 기존 근무 계열사의 HR 시스템을 적용하고(신사업의 성과가 어떻게 될지 모르므로), 신사업으로 완전히 재정 독립하면 사업에 적합한 HR 제도를 수립하는 식으로 성과 시스템을 설계한다. 경영진 입장에서 보면 꽤 합리적인 시스템이다. 그런데 직원의 입장에서 보면, 같은 일을 하고도 보상은 차별을 받아 결국 개인적으로 심리적 박탈감과 불만이 생길 수 있다.

필자도 비슷한 경험을 한 적이 있다. 경영진에서 오랜 숙고 끝에 신생 사업체인 계열사 하나를 탄생시켰고, 그룹 내 인재 총집합 지시를 내렸다. 하지만 바로 문제가 발생하였다. 기존 인재들이 새로운 계열사로 전보를 원치 않았던 것이다. 이유는 간단했다. 그룹에서 가장 인재들이 많다는 A 계열사의 Pay 수준과 신생사 B 계열사의 Pay 수준이 많이 달랐기 때문이었따.

B 계열사는 신생사이다보니 인건비 재원이 한정되어 있어서 모든 HR 제도적 측면에서 A 계열사에 밀리는 수준이었고, 이는 총급여로 따지면 A 계열사 대비 30%~40% 정도의 격차가 있을 정도였다. 그러니 그룹의 신사업 참가라는 대의명분에는 끌렸지만, 당장 받던 급여가 거의 반 정도로 쪼그라드는 상황에서 섣불리 A 계열사의 인재들이 의사 결정을 내리지 못했던 것 같다. 그럼에도, 신생 B 계열사에서는 당연히 숙련된 전문가들이 많이 필요한 상황이어서 A 계열사에 계속 도움을 요청할 수 밖에 없었다.

경영진에서도 그룹의 명운이 달린 신사업에 대해서 조직과 회사를 생각해달라고 직원들의 애사심에 호소하였다. 딜레마의 상황이었다. 결국, 적당한 위로금 및 임금 격차에 대한 보전금을 일부 지불해주는 방식으로 A 계열사의 인재들을 전보시키기로 결정하였는데, 사실 이것도 최적안이라고는 할 수 없었다.

지금 생각해보면, 최고의 인재는 최고의 대우로 보내는 것이 답이고, 최고의 대우를 못해준다면 차선의 인재를 택하는 것이 시장 경제의 논리에 맞다. 맹목적인 애사심에 대한 요구는 요즘처럼 평생 직장 개념이 없는 시대의 직원들에게는 전혀 먹혀들지 않기 때문이다.

정리해보면, 상황문에서 문제의 첫 번째 원인은 분배와 절차의 공정성과 관련된 것이라고 볼 수 있다. 문제의 두 번째 원인은 리더의 문제이다. TFT의 W 팀장은 예술 기획에 대해서는 전문가였지만, 조직 관리에 대한 이해가 거의 없는 듯 하고 지나치게 폐쇄적 성격으로 인하여 팀원들과의 상호 작용이 별로 없다는 것이다. TFT의 상황을 인사부서와 협의하여 개선하려고 노력해야 했다. 또, 직원들과 이 건과 관련하여 어떠한 대화나 면담도 하지않은 채 다음 일만 생각했다. 기본적으로 직원들을 무시한 것이다.

그린버그Greenberg라는 학자는 이런 상황에서도 공정성의 문제가 발생한다고 지적한다. 즉, 공정성 문제는 잘못된 분배나 절차에서도 발생하지만, 구성원을 상사가 존중하지 않은 경우에서도 비롯된다고 한다. 이것을 콜키트와 콘론Colquitt and Conlon 등은 대인관계 공정성 또는 상호 작용 공정성이라 하였다. 이것은 최근 기업에서 많이 강조하는 수평적 조직문화를 구축하는데 필수적으로 고려해야하는 요소이다.

이러한 상호 작용 공정성과 관련하여 필자의 핵심인재 유출 사례를 하나 더 소개해 보겠다. 어느 날, 임원 교육 담당인 J 차장이 느닷없이 사직서를 제출하였다. 어제까지 즐겁게 회식까지 같이 했던 터라 필자는 큰 충격을 받았다. 원인이 뭘까? 제일 먼저 떠오른 것은 필자의 리더십 때문이 아닐까라는 생각이었다. 하지만 알고보니 사직 이유는 의외로 다른 사람 때문이었다. 필자의 상사인 본부장 때문이었다. 당시 회사에서는 단위 조직장들에게

1차 고과권을, 관할 본부장들에게 2차 고과권을 행사하게 했는데, 2차 고과자는 1차 고과자의 결과에 대하여 어느 정도 재량권을 갖고 있었다. 즉, 직속 조직장이 팀원에게 A 등급을 부여해도 본부장이 20% 내에서 한 등급을 재량으로 변경시킬 수 있는 제도였다. 이는 유능한 인재가 그 해 경영 환경으로 인하여 갑자기 낮은 고과를 부여받았을 경우, 구제해주기 위한 예외 조항이라고 할 수 있었다. 그런데, 어쩐 일인지 본부장은 이미 A 등급을 부여한 J 차장에게 거꾸로 B 등급으로 다운그레이드 시켜버렸던 것이다. 평소 J 차장의 고분고분하지않은 태도에 대하여 종종 본부장이 못마땅해 하는 일이 있긴 했지만, 그의 고과까지 변경시킬 줄은 아무도 몰랐다. 이 사실은 평가 면담이 끝난 지난 12월 말까지 당사자인 J 차장도, 직속 상사인 필자도 전혀 알지 못했다. 본부장이 아무에게도 통지하지 않았던 것이다. 결국 성과급이 지급되는 2월 중순에서야 B 등급을 인지한 J 차장은 배신감을 느끼고 사직서를 제출했던 것이다.

위 사례에서 보면, 인사 평가 제도 자체는 아무런 잘못이 없다. 즉, 절차적 공정성은 확보되었다고 볼 수 있었고 문제의 원인은 상호 작용 공정성의 결여에 있었다. 비에스와 모애그Bies & Moag는 이러한 상호 작용 공정성 효과를 얻기 위해서 평가자의 솔직성, 예의바름, 적시 피드백, 피평가자에 대한 권리의 존중 등의 요인들을 제시하고 있다. 이에 따르면 본부장이 평가 면담만 제대로 했어도 핵심인재 유출은 방지할 수 있었을 것이다.

사실, 과거에는 고과자가 피평가자와 평가 면담을 하는 경우가 드물었다. 괜히 팀 내 분란을 야기할 수 있고, 저평가자의 따가운 시선을 감내해야 했기 때문이었다. 그래서 피평가자들에게 평가 결과를 일방적으로 통보한 후 평가 시즌을 마무리하는 것이 보통이었다. 하지만, 연초가 되면 상기 사례들에서 볼 수 있듯이, 자칫 피평가자들의 항의가 쏟아진다거나, 이직 통보가 날라오는 등의 후폭풍이 불게 마련이다. 판을 다 뒤집어버리는 공정성 휴리스틱의 발동인 것이다.

그러면 어떻게 평가 면담을 해야할까? 통상적으로 연초에는 목표 설정 면담을 하고, 연중에는 중간 면담, 연말에는 평가 면담을 한다. 특히 연말에는 평가자와 피평가자가 반드시 만나 그 해의 성과에 대해서 과정과 결과를 정리하고, 다음 년도의 목표에 대해 협의하도록 한다. 평가 면담 제도는 평가 제도의 필수 시스템으로 현업 부서장으로 하여금 반드시 준수하도록 하고, 이를 지원하기 위한 평가자 교육 및 모니터링, 코칭 제공도 준비한다. 한편, 이러한 과정에서 피평가자에게 균등하게 정보를 제공하는 것도 필요하다. 상호 작용 공정성의 하위 속성인 정보 공정성은 절차나 의사 소통에 대한 정보의 분배가 공정해야 한다는 것으로, 직원들에게 왜 절차가 특정 방식으로 적용되었는지 혹은 왜 결과물이 그러한 방식으로 분배가 되었는지에 대한 정보를 다룬다. 그러므로 상사가 정확한 정보를 균등하게 제공하면 직원들이 공정성을 높이 인식하게 되는 것은 당연하다.

스스로 탐침 질문

1 편애하는 상사를 만난 적이 있는가? 어떤 감정이 들었는가? 공정성과 관련하여 생각해보자.

2 직원들에게 공유하는 정보는 균등한가? 그렇지 않은 경우 어떻게 해야 할까?

3 평가 면담시 피평가자를 납득시키려면 어떻게 해야할까?

조직 내 리더분들에게

세상에 공정한 평가는 없습니다. 사실에 근거하여 설명하고 납득시키는 것이 최선입니다. 평소 직원들에게 균등하게 정보를 제공하고, 존중해주세요. 평가에 대한 공정감은 상호 신뢰를 통해서만 가능합니다.

절정 대미 효과,
기준점 휴리스틱

오랜만에 해외 효도 관광을 즐기고 온 70대 노부부… 그런데, 귀국 후에 자식들이 여행 후기를 물어보면 기억나는 것이 몇몇 장면밖에 없다. 치매인가? 아니다. 사람들은 어떤 경험을 회상할 때 특정 장면이나 마지막 순간에 느꼈던 시점을 중요시하기 때문에 벌어진 일이다. 군대를 다녀온 남자들은 그 시절에 대해 한 번 생각해보라. 군 복무 시절의 전체 장면이 균일하게 생각나는 게 아니고 중대 축구 시합에서 우승한 것이나, 사격장에서 오인 사격해서 누군가 죽었다는 등 특별한 사건이거나, 자신의 마지막 병장 시절의 축하연이 떠오를 것이다. 경험의 절정과 최종 부분만 생각나는 것이다. 프레데릭슨과 카너만Fredrickson and Kahneman 같은 학자들은 이러한 현상을 **절정 대미 효과**라 하였다.

한편, 사람들은 처음 기준을 설정하고 나중에 그 기준을 조정하는 방법으로 판단을 내리기도 하는데, 이를 **기준점과 조정 휴리스틱**이라고 한다. 예를 들면, 은퇴 후 제 2의 직장(동종업계가 아니라 업무가 많이 다른)에 취업하려는 중년 취준생은 종종 예전 직장에서 받던 급여 수준을 기준으로 협상하려는 모습을 보인다. 그 기준에 닻Anchor이라도 매달아 놓은 듯 계속 그 주위만 맴돈다해서 '닻 내리기 휴리스틱', '닻 내림 효과'라고도 불리운다. 이 휴리스틱은 조직에서 실제 임금 협상을 할 때에 많이 활용이 된다. 회사 측이든 노조 측이든 먼저 제시하는 금액이 기준점이 되는 경우가 많다.

이 두 가지 휴리스틱 현상을 바탕으로 에피소드 몇 가지를 소개해 본다.

6화

만남보다는 이별
〈화려한 만남 리더〉

마케팅 담당 L 전무는 부임하자마자 특유의 화려한 언변을 바탕으로 본부 전체를 대상으로 마케팅의 변화와 혁신을 설파하기 시작했다. 그는 마케팅 전략팀을 이끄는 K 팀장을 따로 불러 회사에 꼭 필요한 S급 인재라고 추켜세우면서, 새로운 마케팅 프로그램을 만들어 달라고 도움을 요청하였다. 사실, K 팀장은 능력도 능력이지만, 30여 년간의 근속 기간이 말해주듯이 회사에 대한 충성도가 대단한 인물로 평가받고 있었다.

K 팀장은 L 전무의 극찬이 표면적인 치레에 불과하다는 것을 잘 알고는 있지만, 자신의 일에 손해볼 것은 없다고 판단하고, L 전무의 지시에 따라 새로운 마케팅 프로그램을 기획하기 시작하였다. 3개월 여의 연구 개발 기간이 주어졌고, 팀원들은 새 프

로그램을 위해서 야근과 주말 특근을 하며 열심히 일했다. L 전무는 경쟁사보다 앞서서 프로그램이 완성되어야 한다면서 K 팀장을 채근해댔고, 팀은 이에 화답이라도 하듯 예상 납기일보다 40% 단축시킨 1달 반 정도만에 드래프트를 완성하였다. L 전무의 지시에 따라 새로운 마케팅 프로그램 기획안이 회사 내 전 마케팅 팀에 하달되었고, 이후 약 1개월간 시범적으로 운용된 뒤 하반기부터 본격적으로 적용하기 시작하였다.

연말이 되어 고객으로부터 점차 좋은 평가가 나오기 시작하였고, 이에 K 팀장은 두번째 프로젝트를 지시받아 준비하고 있었다. 그러던 중, 회사로부터 안타까운 소식을 접하게 되었다. 코로나 팬데믹 사태로 인하여 회사 전체가 구조 조정 작업에 들어갔는데, 우선 근속이 많은 수석 부장과 임원들 대상으로 희망 퇴직 모집이 시작된다는 것이었다. 1차 프로젝트를 나름 성공으로 이끌었던 터라 K 팀장은 설마하면서 평소처럼 일에만 매진 하였지만, 결국 그도 회사로부터 퇴직을 권고 받게 되었다. 아직 퇴직 생각이 없었던 K 팀장은 밤낮으로 고민을 하게 되었는데….

결국 상반기동안 나름 자신을 살뜰히 보살펴 준 L 전무를 찾아가 상담을 의뢰하려 찾아갔다. 하지만 L 전무는 바쁜 일정을 핑계로 미팅을 거부하였다. 프로젝트 처음에는 그렇게 S급 인재라고 침이 마르게 칭찬하면서 K 팀의 역량이 최고라고 치켜세우더

니만, 마지막 기로에 서자 나몰라라하는 L 전무를 보면서 K 팀장은 입맛이 쓸쓸해짐을 느꼈다.

결국 K 팀장은 예정대로 명퇴를 하게되었다. 그런데, 통상적으로 고위급 간부가 퇴직을 하게되면 CEO를 포함한 경영진이 감사패, 선물 등을 전달하는게 관례인데, 명예 퇴직이라 그런지 이번 경우에는 아무런 조치도 없었다. 심지어 식사 한 끼 같이 하자는 임원들도 없었을 뿐더러, 마지막에 마케팅 프로젝트를 지시했던 L 전무는 명퇴 이후 전화 한 통도 없었다. 회사를 위해 마지막까지 총력을 다했던 K 팀장은 그동안 가졌던 회사에 대한 로열티가 한꺼번에 무너져내림을 느낄 수밖에 없었다.

✦

회사는 자선사업가가 아닌 이상 경영 환경의 부침에 따라 형편이 나빠지게 되면 구조 조정을 할 수 밖에 없다. 구조 조정을 통한 재무 구조 개선을 제때 하지않으면 주주들과 금융권의 압박으로 곤경에 처해지기 때문이다. 그래서 잘 나가는 선진 기업들도 상시 구조 조정으로 몸집을 가볍게 하고 새로운 신기술 도입과 신규 인력 채용 등을 통하여 또 다른 도약의 기회를 꿈꾸는 것이다.

그런데, 여기에서 짚고 넘어가야 할 것이 있다. 구조 조정의 대상인 직원들을 지나치게 비용 관점으로만 바라보면 안된다는 것이다. 자본주의식 관점으로만 본다면 직원들은 비용이나 투자의 대상으로 여길 수 있다. 그러나 사람은 책상이나 지게차 같은 물건이나 소모품이 아니다. 사람은 감정과 자유의지를 가진 존재로서, 비용으로 대하는 것이 아닌 다른 접근이 필요하다.

최근 퇴직 프로그램인 아웃 플레이스먼트outplacement 제도*를 상시적으로 운용하는 기업들이 늘고 있다. 이 제도는 퇴직을 앞둔 직원들이 창업이나 전직을 효과적으로 수행할 수 있도록 각종 정보를 제공하는 한편, 퇴직으로 야기되는 심리적 스트레스에 대비하여 상담사와 주기적으로 면담을 하게 하는 등 다양한 퇴직 준비를 하게하는 제도이다.

정년이나 희망 퇴직을 앞둔 예비 퇴직자들이 누구인가? 조직의 공동 목표 수행이라는 이름 아래 동료들과 동고동락하며 꽃다운 청춘의 시간을 바친 사람들이다. 이 사람들은 열심히 오랜기간 일한 만큼 나름 애사심이 큰 사람들이다. 자기 가족보다 직장 상사하고 지내는 시간이 더 많았던 사람들이다. 이들에게 직장이란 개념은 단순한 노동 현장 이상의 의미가 있다. 즉, 직장은 삶의

---

* 1967년에 미국의 DBM 사(Drake Beam Morin Inc.)가 처음 고안하여 도입한 제도로서, 해고 근로자에 대한 재취업, 창업을 돕는 종합 컨설팅 서비스를 말한다.(출처: 두산백과)

일터이자 놀이터이고, 경제적 이익을 주는 곳이자 사회적 안전망과 자기 실현을 제공해주는 장이었던 것이다. 그런데, 퇴직은 이러한 삶의 루틴을 뿌리부터 흔든다. 특히 느닷없는 희망퇴직의 경우가 더 그렇다. 퇴직 후 재무 설계는 어떻게 해야하며, 무엇을 해서 시간을 보내야 하는지, 어떤 사람들을 만나야 하는지, 마음 추스림은 어떻게 해야 하는지…많은 것을 고민하게 한다.

그래서 선진기업들은 아웃플레이스먼트같은 제도적 장치를 만들어 예비 퇴직자들이 소프트랜딩할 수 있도록 도와준다. 힐리Healy 같은 이는 아웃플레이스먼트 제도를 실행하게 되면 퇴직자들이 실직 스트레스로 인한 심리적 불안감 및 긴장도 최소화할 수 있다고 말한다. 또, 챌린저Challenger가 연구한 결과에 의하면, 기업에서 직원들을 대상으로 질 높은 전직 지원 프로그램을 제공할 때 그렇지 않은 경우보다 기업의 직간접적 비용이 줄어들며 생산성을 높여 중·장기적으로는 기업의 수익을 증대시키는 것으로 나타났다.

반면, 이러한 제도가 미비하거나, 상황문의 K 팀장처럼 소모품 취급을 당한 퇴직자들의 경우에는 실직으로 인한 부정적 심리적 증후들이 나타나게 마련이다. 심지어 자기가 수십 년간 근무했던 회사를 향해서 오줌(?)도 안누겠다면서 정떨어져하는 이들도 있다. 결국 이들은 어떻게 되겠는가? 회사에 부정적인 소문을 낼 안티가 될 가능성이 많다.

서울대 곽금주 교수의 연구에 의하면 통상적으로 나쁜 소문은 좋은 소문보다 4배 더 많이 퍼져 나간다고 하는데, 지금처럼 스피드와 인적 접점이 발달된 SNS 시대에는 안티의 목소리는 기하급수적으로 멀리 퍼질 가능성이 있다. 안티 직원이 많이 발생할수록 장기적으로 기업에겐 손해가 될 가능성이 높다.

한편, 이 직원들에게 회사에 입사해서 퇴직할 때까지 평균적인 행복지수를 매겨 달라고 하면 몇 점이나 줄까? 아마도 매우 낮은 수준이 될 듯하다. 그 이유는 무엇일까? 마지막의 안좋은 기억때문이다. 그런데 생각해보면 이것은 굉장히 이상한 현상이다. 재직 기간 동안 수많은 희로애락이 있었을텐데, 마지막 몇 달의 기억으로 기간 전체를 판단한다는 것이 말이 되는가?

대니얼 카너만 같은 학자들은 실험자로 하여금 14도에서 60초간 두 손을 담그게 한 뒤 심리적 고통 지수를 체크하게 하였다. 그리고 다시 실험자에게 14도에서 60초를 담그게 한 뒤, 곧바로 15도에서 30초를 더 담그게 하였다. 두번째 실험도 심리적 고통 지수를 체크하게 하였는데, 첫 실험의 지수와 비교 결과, 두번째 실험의 고통 지수가 덜 높게 나왔다. 즉, 두번째 실험이 지속시간이 첫 실험보다 50%나 증가했음에도 불구하고, 마지막 고통의 강도가 살짝 덜했던 두 번째 실험이 덜 고통스럽다고 인지가 된 것이다.

사람들은 이같이 과거 경험을 평가할 때 개별적인 경험이나 지속시간을 종합해서 평가하기보다는 감정이 가장 고조되었을 때 Peak와 가장 최근의 경험End을 중심으로 한다. 이것을 행동 경제학에서는 절정 대미 효과Peak-End Effect라고 하는데,* 상황문처럼 희망 퇴직자에게 아웃플레이스먼트 제도 등을 제공하는 것은 이를 기업에서 적절하게 활용한 예라 하겠다. 이러한 PE 룰은 고통 같은 부정적 정서 뿐 아니라 호감이나 행복감 등에서도 같은 효과가 있다는 것이 학자들에 의해서 증명되어왔다.

켐프Kemp라는 학자는 뉴질랜드 캔터베리 대학교에서 휴가를 다녀온 학생들에게 전체적인 행복에 대해 묻고, 그들이 경험했던 행복에 대한 매일의 기록을 기억해내게 하는 질문을 했다. 그 결과 참가자들의 자신들의 행복이 하루 하루 바뀐 것을 구체적으로 떠올릴 수 없었고, 휴가기간의 전반적인 행복감만을 기억하였다. 이를 PE 룰에 의하여 해석해보니, 실제 정서적인 경험의 '가장 인상에 남는 순간 장면snapshot'이 이러한 정서적 기억 평가를 결정한다는 결론이었던 것이다. 초두에 말한 해외 여행을 갔다온 노

---

* 이것을 줄여서 PE 룰이라고도 한다.

부부의 사례도 여기에 해당한다.

대한민국 남자들이 술 마시면서 하는 무용담 중 제일 많은 것이 군대 이야기다. 그런데 그들이 꾸는 악몽 중 하나가 다시 군대에 입대하는 꿈이란다. 듣다보니 이상하다. 군대 입대의 기억은 별로인데, 술자리에서는 군대 추억을 좋게 평가하는 것… 이것은 아마도 무서운 이등병 시절의 기억도 있지만, 말년의 황제 같은 말년 병장 생활의 기억이 인상적으로 남아있기 때문에 즉, 마지막 기억이 행복했기 때문에 남자들의 무용담으로서 좋은 술안주가 되는 것일 게다.

상황문으로 돌아가보자.

"K 팀장, 그동안 나를 도와 열심히 일해주어서 고마웠어."라는 CEO나 L 전무 등 경영진의 따뜻한 말 한 마디만 있었다면 어땠을까? K 팀장은 아름다운 이별 기억을 영원히 가져가지 않았을까? 회사는 안티맨보다는 충성맨 한 사람을 지속적으로 보유했을 것이다.

1 직원이 전보나 퇴직을 할 때 (절정 대미 효과를 활용해서) 좋은 기억을
   남길 수 있는 방법들은 무엇이 있을까?

2 (절정 대미 효과를 활용해서) 직원들이 리더 덕분에 오늘 하루 행복했다
   고 말할 수 있는 것들에 대하여 생각해보자.

조직 내 리더분들에게

화려한 시작보다는 아름다운 마무리를 하세요!

만남보다는 이별이 더 중요하기 때문에…*

---

* 출처: 동서대 곽준식 교수 현대차 신문 칼럼(2017.01.24)

7화

끝만 좋으면 다 좋아
〈최신 효과 리더〉

대외 홍보팀과 총무 자산팀은 둘 다 P 본부장 관할 부서이지만 부서 명칭에서 보듯 일의 성격은 전혀 다르다. 대외 홍보팀은 회사의 긍정적인 소식을 외부에 알리고 각종 캠페인과 IR 이벤트를 개최하는 일을 한다. 총무 자산팀은 주로 회사의 허드렛일(청소, 경비 등)과 소모품 구매 및 부동산 자산을 관리하는 팀이다. 특히 총무 자산팀은 팀 특성상 묵묵히 다른 팀을 보좌하는 역할을 많이 담당하였고, 올해 상반기에는 상당 수준의 비용 개선 실적을 올린 상황이었다.

아침부터 대외 홍보팀 W 팀장의 목소리가 쩌렁쩌렁하다. 오늘 오후에 개최되는 연말 IR 행사 때문에 그러는 것 같다. 그런데, 하도 직원들에게 호통을 치고 있어, 일부러 P 본부장의 귀에 들어가라고 소리치는 것이 아닌가 싶을 정도였다. 이 행사를 서포트하기 위하여 총무 자산팀 K 팀장은 3일째 야근 중인데, 주무팀인 대외 홍보팀 W 팀장은 오늘 아침에야 어슬렁 어슬렁 나와 팀원들을 닦달하고 있는 것은 상당히 대비되는 광경이었다.

푸닥거리 같았던 리허설이 정신없이 끝나고, 본격적으로 IR 행사가 시작되었다. W 팀장은 다른 건 몰라도 프리젠테이션 능력은 매우 전문성이 있었다. 그가 특유의 매끄러운 말솜씨로 한참 참가자들을 몰입시키고 있었는데 갑자기 문제가 발생하였다. 컨퍼런스 홀의 모든 전등이 꺼져 버렸던 것이다. 아마도 정전이 된 듯 싶었다.

시설 담당을 맡은 총무자산팀의 K 팀장은 사색이 되었다. P 본부장의 호통이 전화기 너머로 흘러나왔다. K 팀장은 시설 담당 직원들을 데리고 이리 뛰고 저리 뛰어 1시간여만에 간신히 비상 발전 장치가 가동시켰다. 그 사이 몇몇 참가자들은 자리를 떴고, 나머지는 툴툴거리며 대기하고 있었다.

다시 프리젠테이션을 재개하기 전, 사태 수습을 위하여 대외 홍보팀 W 팀장은 본인이 뉴욕 월가에서 IR 행사 중 벌어졌던 재미있는 에피소드를 이야기해주며 능숙하게 참가자들을 리드했다. 그래서인지 다행히도 남은 IR행사는 다른 이슈 없이 마무리 되었다.

행사가 끝난 뒤 P 본부장실에서 관련 부서장들이 모인 가운데 랩업 미팅이 시작되었다. P 본부장은 W 팀장의 임기응변을 칭찬했고, 정전 사태에 대하여 K 팀장을 꾸중했다. 시설 점검을 제대로 하지 못한 건 아니냐는 것이었다.

결국, 연말 평가 시즌에 K 팀장은 최악의 성적표를 받아든 반면, W 팀장은 상무 승진의 영광을 안게되었다. 이를 지켜본 총무 자산팀의 직원들은 끝만 좋으면 다 좋은가라며 씁쓸한 조소를 지었다.

✦

학창 시절에 영어 단어 시험 준비를 할 때면 종종 마지막 외운 단어가 가장 기억에 남는다. 이른바 최신 효과recency effect다. 이는 어떤 물건이나 사물에 대해 마지막에, 즉 가장 최근에 제시된 정보를 더 잘 기억하는 현상이다. 이러한 최신 효과가 일어나는 이유는 사람의 단기 기억 때문인데, 마지막에 들어온 정보가 그 전에 들어온 정보보다는 기억하기가 더 쉽기 때문이다. 블로거 '매거진 낯선사고'는 배우 유해진을 최신 효과의 사례로 들어 재미있게 설명을 한다. 즉, 유해진은 데뷔시절만 해도 연기력에 비하여 외모는 그다지 볼품 없는 이미지였는데, 배우 김혜수와 열애를 하고 나서는 고품격 클래식 FM 방송의 진행자로 발탁되는 등 기존의 촌스런 이미지를 상쇄했다는 것이다. 최신의 스토리와 이미지가 워낙 임팩트가 있다보니 처음 이미지가 온데간데 없어진 것이다.

조직에서 최신 효과가 문제가 되는 것은 인사 평가 때문이다. 연말 시즌에 많은 리더들은 직원들의 실적에 대해 균질하게 따져보지 않고 종종 가장 가까운 시일 안에 벌어진 일들 중심으로 평가를 한다. 특히 하반기나 4/4분기 결과가 리더의 머리에 많이 남게 된다. 물론 기업들은 이를 방지하기 위하여 MBO 제도를 채택하여 월, 분기별로 실적 정리를 한다.

하지만 일은 사람이 하기에, 리더들의 머리에는 최근 일을 잘한 사람 중심으로 기억 순위가 매겨져 있다. 자칫하면 1년 중 연초나 상반기에 업적을 세운 직원들은 리더의 기억 속에서 밀려날 판이다. 그래서 꼼꼼한 리더들은 일별 주별 월별로 직원들의 실적을 관리한다. 필자도 PL 노트라는 것을 활용하여 직원들의 일일 작업 관리를 하였다. PL은 Performance Log의 약자로 직원들의 일day 단위 수행 기록이다. 예를 들면 아래와 같이 엑셀 시트로 PL Note를 정리할 수 있다.

날짜	활동	관찰된 특이사항	피드백 사항	관련 업무/역량
2023.01.03	평가제도 보고서 납기 지연	계열사 HR 부서 조율이 안됨	1:1 미팅 제언	HR 제도 정비
2023.02.15	숫자 오류 지적	검토 미비	재검토 습관화 조언	HR 제도 정비
2023.04.03	경쟁사 자료 빠른 확보	비공식 네트워크 활용	칭찬	HR 제도 정비
2023.04.05	잦은 이석	타 팀원들과 연결과업 문제 발생	이석 사유 공유 필요	기본 근무 태도
2023.05.06	서비스 아카데미 보고서 내용 미흡	논리 비약이 심하고 데이터 미흡	기획서 작성 실무과정 입과	SVC 아카데미 검토
2023.07.08	늦게까지 남아 김과장 업무를 도와줌	-	칭찬	기본 근무 태도
2023.08.08	대학원 수학 관련 근태 상담	수업일에 근무시간 조정 요청	요청대로 조율해줌	
2023.10.11	회의시 좋은 아이디어 제공	본직적 사유가		

이러한 최신 효과와 대비되는 것이 초두 효과다. 이는 최신 효과와 반대로 먼저 제시된 정보가 나중에 제시된 정보보다 더 기억이 나는 현상을 말한다. 최신 효과와 초두 효과는 인사 평가의 주의해야 할 양대 편향으로 꼽힌다. 다만, 최신 효과가 초두 효과를 능가하는 경우가 있는데 초기 정보가 너무 일찍 제시되어 다 잊어버렸을 경우나, 최근 정보가 현저하게 임팩트있을 때, 그리고 인상 형성을 위하여 충분한 시간이 주어졌을 때이다.

이러한 최신 효과는 7화의 절정대미 효과와도 관련이 있다. 앞서 설명한 것처럼 절정대미 효과는 사람들이 어떤 현상을 평가할 때 그 현상의 전반에서 느낀 정서의 총량에 따라 평가하는 것이 아니라, 그 현상에서 느낀 절정(긍정적 절정과 부정적 절정)과 마지막 대미(일화의 마지막에 느낀 정서)의 평균을 평가한다는 효과이다. 사람들은 현상을 경험할 때 되뇌기rehearsal를 하는데, 모든 사건을

다 되뇌기하는 것이 아니라, 절정과 마지막에 있었던 사건을 자주 되뇌기한다. 마지막 대미가 평가에 중요한 이유가 바로 본 화의 최신 효과 때문이다.*

상황문의 K 팀장은 P 본부장의 최신 효과 기억에 의하여 억울한 평가를 받은 듯하다. 사실 대부분의 기업 총무팀은 드러나지 않고 묵묵히 일하는 조직이다. 빛나는 배우가 아니라 (그저 열심히 일하는) 스탭 역할인 것이다. 일은 일대로 하고 펑크나면 욕만 들어 먹는다. 리더는 억울한 K 팀장의 사례가 생기지 않도록 꼼꼼하게 일 관리를 하는게 중요하다. 요즘은 스마트 폰 앱이 좋은 것들이 많이 나와 있다. (초두 효과와 최신 효과의 맹점을 커버하기 위해서 이러한 테크니컬한 수단을 활용하면 리더십 발휘에 훨씬 더 유용할 것이다.)

스스로 탐침 질문

1 최신 효과에 의하여 편향된 평가가 조직에 미칠 영향은 무엇이 있을까?

2 리더로서 내가 겪은 최신 효과 경험은 어떤 것이 있는가?

3 최신 효과를 방지하기 위한 나만의 방법을 개발한다면 무엇이 있겠는가?

---

* 출처: 서울대 행복연구센터 칼럼(2021년 5월 10일)

조직 내 리더분들에게

직원의 일 관리에 대하여 몇몇 인상적인 장면보다는 정해진 목표와 객관적 수치를 기준으로 평가하세요. 또, 이를 위하여 PL(Performance Log)노트로 빠짐없이 성과를 기록해두면 많은 도움이 된답니다.

8화

SKY의 비극
〈첫 홀릭 리더〉

여지없이 올해도 채용 시즌이 다가왔다. 보통 신입 공채를 상반기 한 번, 하반기 한 번 진행하는데, 담당인 K 차장은 최근 하반기 지원자들의 이력서를 검토하는 중에 놀라움을 감추지 못하였다.

최근 경기가 안좋아 단군 이래 최대의 불경기라는 말이 나돌기는 하였어도, 중견 기업인 K 차장의 회사에 이렇게까지 고스펙의 지원자가 몰릴지 상상을 못하였던 것이다. 첫 지원자가 대한민국 최고의 공대라는 P 공대 박사 출신, 두번째는 서울 명문 H 공대의 수석졸업자…첫 지원자의 이력서 이후 10% 가까운 이력서들이 소위 SKY 이상 석박사 출신임을 입증하고 있었다.

사실 충원 요청 부서에서는 그 정도의 고스펙 인원이 필요하지는 않았다. 평년 같으면 소방기기 제조업체에 불과한 이 회사에 절대 지원서를 내지 않았을 사람들이 대거 지원한 것은 아무래도 올 하반기 주요 대기업에서 불경기로 채용 동결을 선언한 것에 이유가 있는 것 같았다. 그런데, 학벌로만 볼 때, 전체 100여 명 정도의 지원자들 가운데 처음 10%가 고스펙이었던데 반하여 나머지 90%는 중간 이하여서 K 차장은 다소 실망하였다. 물론 작년 같으면 그 정도의 지원자들도 당당히 합격선이었지만 말이다. 당연히 그는 처음 10%를 포함하여 고스펙의 지원자들 중심으로 합격 통보를 내보냈다.

오랜만에 풍어기를 맞이한 어부처럼 K 차장은 신이 났으며, 경영진에게 전년 대비 SKY 출신 석박사를 50% 이상 확보하였다고 보고하였다. 물론 주말도 없이 발이 닳도록 채용 박람회를 다닌 노고의 결실이라고 슬쩍 자기 과시도 하면서 말이다.

하지만, 입사 시기인 1월 초가 되자 고스펙 합격자의 대다수가 썰물 빠지듯 한꺼번에 입사 포기를 해버렸다. 청년 취업 문제에 민감한 정부와 여당의 압력으로 내노라하는 대기업에서 상반기 대규모 신규 공채를 예고하였기 때문이었다.

K 차장은 고민에 빠졌다. 충원 요청한 부서들은 아우성이었고, 이미 탈락시킨 이전 스펙의 지원자들은 이상하게도 눈에 차지 않았기 때문이었다. 이력서 초반의 SKY 중심 석박사들이 계속 눈

에 아른거렸고, 면접 장면에서 철석같이 입사를 약속했던 그들이 원망스러웠다. 퇴근하는 K의 발걸음은 무거웠다.

✦

1990년 5월 고흐의 가셰 박사의 초상이 경매에 나온 지 단 5분 만에 팔렸다. 경매 가격은 무려 8,250만 달러(원달러 1,193원 기준, 한화 984억 6,375만원)였다. 이런 어마어마한 낙찰가를 제시한 주인공은 일본 제지 회장 사이토 료헤이였다. 평소에 반 고흐의 작품의 애호가로 알려져 있던 사이토 료헤이는 이 작품이 경매에 나오기를 고대했다고 한다. 속설에 의하면 사이토 료헤이는 그림 구매 후 외부에 전혀 공개를 하지 않고 사망할 때 무덤에 묻어 달라고 했다고 한다. 그래서 우리가 지금 만날 수 있는 '가셰 박사의 초상화'는 고흐가 가셰 박사에게 선물한 모작품이다. 료헤이는 고흐의 '가셰 박사의 초상' 외에도, 르느와르의 '물랭 드 라 갈레트의 무도회'도 840억 달러에 구매했는데, 그가 구매한 미술품 가격으로 인하여 이전과 다른 차원의 경매가가 형성되었으며, 이를 기점으로 세계 미술품의 가격 상승이 가팔라졌다고 한다. 료헤이의 명화 구매 가격이 일종의 기준점이 된 것이다.

가세 박사의 초상, 1890, 반 고흐, 오르세 미술관

　필자는 외국인 전용 호텔, 카지노를 운영하는 회사의 HR 부서에서 다년간 근무한 적이 있었다. 그런데 당시 경영진이 불필요할 정도로 높은 채용 스펙을 요구하는 것에 다소 의아한 적이 있었다. 사실 카지노 게임을 운영하는 딜러의 경우, 기본적인 외국어 구사 능력과 서비스 스킬과 성실한 인성을 보유한 인재 정도면 충분한데, 나중에 합격자를 보면 거의 컨설팅 회사를 다닐 만한 기획 역량이 출중한 인재들도 상당수 뽑혔다.

　당시 회사는 대한민국 최고의 관광 그룹이라는 위상에 걸맞게 업계 최고의 처우 수준과 정년 보장이라는 안정적 직장 생활을 제공하였다. 그래서 MZ 세대들 사이에서 인기가 많았고 한때 입사 지원 경쟁률이 최고 100대 1이 될 정도였다. 하지만 입사 후 상당수는 자신이 지원했던 딜러라는 직무에 만족하지 못하는 문제가 발생하였다. 그래서 그들 중 상당수는 마케팅, 또는 기획 관리 직군으로 전보를 요청하거나 요청이 받아들여지지 않으면 중도 퇴사하는 일들이 발생하곤 하였다. 사실, 이러한 현상은 지원자들 개개인 차원에서도 시간과 자원 낭비이겠지만, 회사나 사회전체적으로도 결코 바람직하지 않다. 그럼에도 채용 철이 되면 경영진의 눈높이는 결코 낮아지지 않았다.

이러한 문제의 원인은 기준점 휴리스틱 때문이다. 트버스키와 카너먼Tversky and Kahneman은 이와 관련하여 다음과 같은 재미있는 실험을 했다. 실험 참가자들을 두 그룹으로 나누고, 첫 번째 그룹에는 $8 \times 7 \times 6 \times 5 \times 4 \times 3 \times 2 \times 1$의 값을 추정하라고 하였다. 그리고 두 번째 그룹에는 $1 \times 2 \times 3 \times 4 \times 5 \times 6 \times 7 \times 8$이 값이 얼마인가를 추정하도록 하였다. 당연히 계산기는 사용할 수 없었으며, 암산만으로 추정해야만 하였다. 그 결과 첫 번째 그룹의 평균적인 답은 2,250이었고, 두 번째 그룹의 평균 값은 512로 집계되었다. 두 그룹의 평균 값의 차이는 무려 4배에 이른다. 왜 이런 엄청난 차이가 났을까?

많은 사람들이 주어진 초기 값을 중심으로 생각하여 최종 판단시 초기 값(기준점)으로부터 충분히 벗어나지 못하고, 기준점 인근에서 불충분한 조정만 수행한 후 의사 결정을 수행하기 때문이다. 즉, 첫 번째 그룹 참가자들은 제일 먼저 제시한 큰 숫자(8)의 영향을 받아 전체 값을 높은 수준으로 추정하였고, 두 번째 그룹은 작은 숫자(1)의 영향으로 전체적으로 낮은 값을 답하였던 것이다. 이 연구는 사람들이 숫자의 순서만 바꾸어 질문해도 기준점이 다르게 설정되어 응답 값의 평균이 결과적으로 크게 차이가 난다는 것을 보여준다. 이러한 현상을 트버스키와 카너만은 기준점과 조정 휴리스틱이라 명명하고, 이와 관련된 사회의 수많은 이상 현상들을 설명하였다.

재미있는 것은, 이러한 기준점이 판단하는 대상과 전혀 관련없는 경우, 즉, 무작위로 주사위를 던져서 나오는 숫자나 룰렛을 돌려 나온 결과 같은 경우에도 사람의 의사 결정에 영향을 준다는 것이다. 또한, 사람들은 이러한 기준점 휴리스틱에 의하여 선 판단을 한 후 확증편향Confirmation Bias에 따라 그것을 지지하는 추가 증거들을 찾으려 한다.

이러한 기준점 휴리스틱은 마케팅에서도 종종 활용이 된다. 롯데제과의 몽쉘은 1990년대 초 초코파이보다 한 단계 업그레이드시켜 선보인 제품으로 초코파이의 마시멜로 대신 크림을 넣어 부드러운 촉감을 느낄 수 있도록 개발했다. 몽쉘은 출시 후 월 평균

15억원 정도의 매출을 올렸는데 2009년에는 400억원, 2010년엔 25% 신장한 500억원의 매출을 기록했다. 몽쉘의 마케팅을 위하여 회사는 '속을 보고 고르면 몽쉘'이라는 광고를 냈는데 이는 초코파이계의 절대 강자 '오리온'을 염두에 둔 것이다. 즉, 오리온이라는 겉으로 드러나는 브랜드보다는 마시멜로가 아닌 크림을 넣은 속을 보라는 새로운 메시지로 소비자 선택의 기준을 제시했던 것이다.*

슈퍼마켓에서 장을 보러가면 정가 가격표에 늘 X 자 표시가 되어있고 그 아래에 20~30%가 디스카운트 된 값이 적혀있는 것을 보게 된다. X 자 표시가 되어있는 처음 가격이 기준점이고, 고객들은 그 기준점을 기준으로 조정된 가격을 보고 저렴한 느낌을 받는다. 사실 디스카운트 된 가격이 정가일 수도 있는데 말이다.

평가 시즌이 되면 어떤 리더들은 이런 기준점 휴리스틱을 악용하는(?) 부하 직원들 때문에 골머리를 앓는다. 대개 상사 평가가 이루어지기 전에 자기 평가를 하게 되는데, 어떤 직원들은 일부러 자신의 평가를 실적보다 상당히 높은 수준으로 마킹하기 때문이다. 나름 기준점을 책정한 것이다. "나 이런 사람이요."라고…

"원래 내가 생각한 것은 B인데, 자기 평가를 S로 해놨네…두

---

* 출처: 곽준식 동서대 경영학부 교수(DBR 126호, 2013년 4월)

단계를 한꺼번에 내릴 수도 없고, 이걸 어쩌지…"하며 리더는 한참 고민하다가 직원이 설정해놓은 기준점 S등급 바로 밑인 A 등급을 덜컥 클릭해 버린다.

또는 거꾸로 리더들의 머리에 평소 누구는 S급 인재이고 누구는 C급 플레이어라는 기준점이 설정되어 있을 경우가 있다. 이럴 경우, 직원들의 실제 성과와는 달리, 머릿속 기준점을 중심으로 결과치가 도출되는 경우도 있다. 둘 다 기준점 휴리스틱이 문제를 일으킨 경우다.

상황문 예에서 가장 큰 문제는 K 차장의 눈에 띈 처음 몇 장의 고스펙 이력서들이다. 그 이력서들이 기준점이 되어 끝까지 K 차장을 옭아맨 것이다. 그 결과는 참담했다. 현업에서 필요한 수준의 인력보다 높은 고스펙 지원자들을 대거 받아들임으로써 쓸데없는 채용 경비와 교육 경비를 낭비하게 되었다.

이러한 문제들은 주로 현실적으로 필요한 인력들의 수준이 조직 내에서 제대로 정의되어있지 않거나, 역량이 검증되지 않은 서류 상의 고스펙 지원자들에 대한 무조건적 수용이 그 원인이다.

시장에서의 상대적 위치와 평판, 급여와 복리후생 등 지원자들에게 지불할 수 있는 현실적 처우 수준, 조직 문화와 중장기 기업 가치 등을 중심으로 채용 전략을 다시 재정립해야 하고, 고스펙보다는 상기 조건에 적합한 인재들을 뽑아야 한다.

스스로 탐침 질문

1 최근 기준점 휴리스틱을 경험한 것 중에서 알면서도 당한 사례가 있는
   가? 왜 그러한 일이 일어났을까?

2 리더로서 직원들에게 기준점 휴리스틱을 활용할 방법이 있다면? 예상
   되는 결과는 무엇인가?

조직 내 리더분들에게

의사 결정을 위해서 필요한 시점은 1인칭 시점이 아니라 전지
적 시점입니다.
지엽적인 데이터에 구속되지 않으려면 좀 더 다양한 정보를 찾
아 전체를 조망하며 판단해야 합니다.

2장

분석형 리더의
4가지 실수

4차 산업 혁명 전환기에 향후 가장 각광받는 직업은 데이터 엔지니어(555개 직무), 데이터 분석가(418개 직무), 머신러닝 엔지니어(177개 직무)로 확인되었다고 한다(주: Ai-jobs.net 참조). 이와 같이 AI 관련 일자리는 계속해서 증가할 예정이라고 한다. 그리고 AI가 대체할 수 있는 기존의 직업은 소프트웨어 개발 및 운영 뿐만 아니라 판사, 변호사, 회계사, 심지어는 전투 군인도 일부 포함된다고 한다.

한편, 이들 4차 산업혁명과 관련된 직업군은 분석형 사고 중심의 인재들을 선호할 것이다. 하지만 보스턴 컨설팅 그룹의 창업자인 브루스 핸더슨Bruce Henderson이 말했듯이 '비즈니스에서 최종 선택은 항상 직관적'이며, 분석형 사고만으로는 의사 결정하는데 한계가 있을 수 밖에 없다. 실제 애플의 스티브 잡스나 하워드 슐츠 같은 이들은 데이터에 기반한 분석에만 매몰되지 않고 자신의 독특한 경험과 직관을 통해 새로운 비즈니스 세계를 창조했다.(LG경영연구원 2013년 4월 22일자 기사 참조)

리더 역시 지금까지는 분석형 리더가 각광을 받은 것이 사실이었다. 하지만, 지나치게 데이터 수집과 분석에만 의존할 경우 나무만 보고 숲을 조망하지 못할 가능성도 많다.

이러한 리스크를 야기하는 휴리스틱은 과연 무엇이 있을까? 여기에서는 프레이밍 효과, 이유 기반 결정 편향, 감정 휴리스틱 등을 중심으로 이야기를 풀어나가고자 한다.

프레이밍 효과

탈무드에 다음과 같은 재미있는 우화가 있다.

어느 날, 담배를 몹시 좋아하는 신자 한 사람이 랍비에게 물었다. (아마도 기도 시간이 매우 지루한 모양이었다)

"랍비님이시여, 기도하는 중에 담배를 피우면 어떻게 되나이까?"

"무슨 소리인가? 성스러운 신께 기도하는 중에 담배를 피우다니, 당연히 안될 말일세."

하며 신자를 꾸짖고 돌려보내었다.

다음 날, 신자는 또 찾아와 질문하였다.

"랍비님이시여, 그렇다면 제가 담배를 피우는 중에 기도하는 것은 어떻습니까?"

"…흠, 그건, 괜찮을 듯 하네. 언제 어디서든 신께 기도하는 것은 중요한 일이지…"

프레이밍 효과framing effect는 표현 방식에 따라 같은 상황에 대하여 개인의 판단이나 선택이 달라지거나 왜곡되는 현상을 말한다. 이때 제공되는 인식의 틀을 프레임이라고 하는데, 대니얼 카너만과 아모스 트버스키의 연구 결과에 의하면 사람들은 긍정적 프레임을 심어주면 위험을 회피하는 선택을 하고, 부정적 프레임을 심어주면 위험을 추구하는 선택을 한다고 말했다. 관련하여 리처드 탈러, 캐스 선스타인의 '넛지nudge'에 다음과 같은 재미있는 이야기가 실려있다. 어떤 사람이 심장병에 걸려 수술을 해야 할 경우 같은 내용을 전달할지라도 의사가 어떻게 말을 하는가에 따라서 환자가 수술을 받을 것인지, 거부할 것인지의 여부가 결정된다는 것이다. 예를 들면 "이 수술을 받은 사람 100명 가운데 90명이 5년 후에도 살아 있습니다"라고 말하는 것과 "이 수술을 받은 사람 100명 가운데 10명이 5년 내로 죽었습니다"라고 말하는 것은 완전히 다른 결정을 내리게 한다. 이 같은 프레이밍 효과와 관련된 에피소드를 소개한다.

9화

기도하면서 담배 피울래
〈외눈이 리더〉

생활용품 영업을 하는 A 부서와 B 부서는 서로 내부 경쟁 관계이다. 소위 선의의 경쟁이라고 경영진은 이야기하지만, 연 매출에 따라 인센티브 액수가 파격적으로 달라지기 때문에 내부적으로는 거의 무한 경쟁을 하고 있었다.

다행히 코로나 이후 보복 소비 여파로 지난 2/4분기까지 회사의 전체 매출 곡선은 연속 8분기 우상향을 그리고 있었다. 이에 경영진은 3/4분기 목표도 달성할 경우, 각 부서별로 1억씩의 특별 포상금을 줄 수 있다고 공표했다. 다만, 긴장의 끈을 놓지 않도록 하기 위하여, 철저하게 상대 평가하는 조건이었다. 부서 평가는 물론이거니와 개인들도 S, A, B, C, D 5등급으로 평가하되, 부서 내 차등 지급율은 팀장이 알아서 정하라는 지침이었다.

A 부서와 B 부서 모두 지금까지의 매출은 다른 부서들보다 높았지만, 두 부서만을 비교한다면 실적이 엇비슷하여 어느 쪽이 더 좋은 평가를 받을지는 미지수였다. A 부서의 C 팀장과 B 부서의 K 팀장은 어떻게 하면 직원들의 실적을 더 올릴 수 있을까 서로 눈치를 보며 각자 차등 지급율에 대해 고민을 하였다.

A 부서의 C 팀장은 직원들을 모아 특별 포상금에 대하여 회사의 지침을 공지해준 뒤, 다음과 같이 차등 지급율에 대하여 이야기하였다.

"우리가 3/4분기 목표를 달성하게 되면, 개인 평가를 하여 10명의 팀원 중 8명은 확실하게 1억을 나눠갖게 될겁니다. 열심히 분발해 주시기 바랍니다."

B 부서의 K 팀장도 직원들을 모아 비슷한 내용을 다음과 같이 발표하였다.

"우리가 3/4분기 목표를 달성하게 되더라도, 상대 평가를 해야 하는 바람에 우리 팀원 중 20%는 포상금을 타지 못할 확률이 있습니다. 경각심을 갖고 모쪼록 남은 분기에도 열심히 해주시기 바랍니다."

시간이 흘러, 3/4분기 실적 평가가 실시되었다. 분석 결과, 예상대로 A 부서와 B 부서가 각각 1, 2위를 차지하였다. 다만, 수치가 많이 달랐다. 지난 분기까지는 두 부서가 매출액의 0.1% 내외의 근소한 차이를 보였는데, 3/4분기에는 A 부서가 B 부서를 상당한 격차로 벌리며 독보적 1위를 하였던 것이다. 게다가 인사부서의 전언에 의하면 3/4분기 동안 A 부서의 조직 분위기가 B 부서보다 매우 활기찼고 파이팅이 넘쳤다고도 한다.

왜 이런 일이 벌어졌을까? 고개를 갸웃하며 B 부서의 K 팀장은 우울하게 회의실 밖으로 나가 담배를 피워 물었다. 직원들의 말에 의하면, 아마도 부서 내 차등 지급율 때문이라는데, A 부서의 차등율도 자기가 발표한 내용과 그게 그거였던 것 같은데 참으로 이상한 일이었다.

✦

코로나로 지난 몇 년간 온 인류가 고생을 하였다. 이제 WHO에서는 새로운 바이러스 질병에 대비하여 다음과 같이 대응한다고 가정해보자.

거북이와 박쥐를 매개로 하는 치명적 바이러스가 새로 발견되어 80억 인류 중 60억 명이 목숨을 잃을 것으로 예상이 된다. 이 바이러스에 대한 네 가지 백신이 개발되었는데, 다만, 안정성 검증이 제대로 안되어 백신 부작용으로 일부만이 생존한다고 한다.

A 백신을 맞게 되면 확실하게 20억 명을 살릴 수 있다고 한다.

B 백신은 3분의 1의 확률로 60억 명이 살 수 있고, 3분의 2의 확률로 모두 사망할 수 있다고 한다.

자, 독자들은 어떤 백신을 택할 것인가? 연구결과에 의하면 약 72퍼센트가 A 백신을 선택했다고 한다.

또, 학자들은 틀을 달리하여 다음과 같은 선택지를 제시하였다.

C 백신을 맞게되면 40억 명이 사망한다. 또, D 백신을 맞으면 3분의 1의 확률로 아무도 사망하지않고, 3분의 2의 확률로 60억 명이 사망한다.

C와 D 백신 중 어느 것을 택할 것인가. 사람들의 78%는 D 백신을 선택했다고 한다. 이 문제를 뜯어보면 A 백신과 C 백신, 그리고 B 백신과 D 백신이 서로 같다는 것을 알 수 있다. 긍정적 묘사인가 부정적 묘사인가가 다를 뿐이다. 대니얼 카너만은 사람들이 손해를 피하려는 쪽에는 위험을 추구하려는 경향이 높은 반면, 확실한 이득이 있을 때에는 위험을 회피하려는 성향이 있다고 하였다.

이렇게 어떤 프레임을 씌우는가에 따라 대상과 현상은 전혀 다른 해석이 나올 수 있다. 이것을 카너먼과 트버스키는 1981년 '결정의 프레임과 선택의 심리학The framing of decisions and the psychology of choice이라는 논문에서 프레이밍 효과Framing Effect라고 이야기하였다. 우리말로는 '틀 효과'라고 하는 프레이밍 효과는 우리 사회의 정치, 경제, 사회, 문화적으로 발생하는 많은 현상들을 설명해 준다.

상황문에서 C 팀장과 K 팀장의 발표 내용을 뜯어 보자. 개인별 차등율에 대하여 똑같은 내용을 C 팀장과 A 팀장은 다른 프레임으로 말하였다. C 팀장은 목표 달성시 확실한 수치(8명)를 제시하며, 긍정적 결과(1억을 나눠갖게 될겁니다)를 부각시켰다. 반면, K 팀장은 불확실한 수치(우리 팀원 중 20%)와 부정적 결과(포상금을 타지 못할 확률)를 제시하였다.

두 사람의 리더 중 어디에 더 끌리는가? 앞서, 확실한 이득은 위험 회피 경향이 높다고 하였고, 손해는 위험 추구 경향이 높다고 하였다. 그렇다면 A 부서의 직원들은 확실한 이득이 보장된 느낌을 갖고 안정감 있게 일할 가능성이 높고, B 부서원들은 손해감을 가지고 불안한 느낌으로 어수선하게 일할 가능성이 높다고 분석할 수 있다.*

"프레이밍 효과의 또 다른 의미로 틀 효과(관점 변화)라는 의미도 있다. 117 페이지에서 소개한 랍비와 담배 우화가 그것이다."

필자도 기업의 교육 장면에서 (이러한 틀효과 의미의) 프레이밍 효

---

* 이 사례에 대해서는 다른 문제를 제기할 수 있다. 즉, A 부서원들은 안정감있게 과업 추진하는 것은 긍정적이지만 새로운 변화를 꾀하거나 혁신활동에 대해서는 부정적일 수 있다.

과를 활용한 경험이 있다. 어느 날, 오퍼레이션 본부장이 교육 책임자인 필자를 불렀다. 요지인즉슨, 본부 근무자들에 대하여 1박 2일 특별 교육 프로그램을 진행하고 싶다는 것이었다. 본부장이 직접 참가하여 현장 근무자들의 목소리도 경청하고 향후 오퍼레이션 정책에 대해서도 브리핑하겠다는 것이었다.

그런데 요즘 어느 회사나 마찬가지지만, 1박 2일의 숙박 프로그램은 누구나 좋아하지 않는다. 메시지를 사내 게시판에 띄우거나 SNS으로 전달하면 되지 뭘 숙박까지 하면서 학습하느냐는 것… 당연히 노동조합을 비롯한 여러 소통 채널에서 불필요한 비용 낭비니, 사측의 쓸데없는 짓거리라느니 하는 비아냥대는 소리와 불평불만이 쏟아졌다. 나는 고심 끝에 다음과 같이 안내하였다.

> 뜨거운 태양 아래, 오퍼레이션 본부만을 위한 특별 행사 개최! 누구든 10명 이내로 팀을 구성해서 1박2일 행사 신청서를 작성하면 1팀 당 1백만원 지급! 또한, 교육팀에 장소를 의뢰하면 최고의 시설이 구비된 펜션, 콘도 등 숙박시설 예약 대행해줌. 행사 내용은 단합을 위한 체육 대회이든, 레크레이션 액티비티이든 전혀 상관없음.

이렇게 홍보 문구를 크게 해놓고, 맨 아래에 당구장 표시(※)와 함께 '행사 시간 내 2시간 정도 오퍼레이션 본부장과의 대화를 삽입하는 것이 조건임'이라고 써두었다. 어차피 오퍼레이션 본부장의 원래 요청한 프로그램도 본인과 토론하며 소통하는 시간과 직원들끼리의 단합 프로그램이었으므로, 나의 공고문과 본질적으로 동일한 내용이었다. 모집 결과는 대성공이었다. 개인적인 일이 있어 불참한 몇몇을 제외하고는 거의 모든 오퍼레이션 본부 인원들이 즐겁고 유익한 워크샵을 다녀올 수 있었다. 교육이라는 틀을 팀별 놀멍 워크샵으로 바꾼 결과이다.

조직 장면에서 프레이밍 효과와 관련된 한 가지 사례를 더 소개해 본다.

모 회사에서 판매 본부장과 제조 본부장은 앙숙이었다. 판매 본부장은 제대로 납기를 못 맞추는 제조 본부를, 제조 본부장은 판매 본부의 생산량을 감안하지 않는 수주 전략을 서로 공격하는 식이었다. 두 본부장의 지칠 줄 모르는 갈등 때문에 조직 분위기는 다소 처져 있었다. 급기야, 일이 터지고 말았다. 공공 기관 수주를 따내기 위한 프로젝트에서 서로 싸우는 바람에 결국 회사의 신뢰에 금이 갈 수도 있는 상황이 된 것이었다. 마침내 CEO는 인사팀장을 불렀다. 그리고 특단의 조치를 지시하였다. 다음 날, 직원들의 눈이 동그래지는 인사 발령안이 사내 게시판에 떴다. 게시판에는 판매 본부장이 제조 본부로, 제조 본부장이 판매 본부의 책임자로 각각 자리를 바꾸어 발령이 나 있었다. 본부장들은 처음에 당황스러워했지만 결국 나중에는 제조 마인드를 가진 판매 본부장, 판매 마인드를 가진 제조 본부장이 되었고, 연말에 직원만족도 조사와 조직문화 진단 등을 통하여 직원들의 반응을 보니 그 결과가 상당히 긍정적으로 나타났다. 우리가 늘 상대방의 입장에서 생각해보라는 의미로 역지사지易地思之의 자세를 이야기하는데, 당시 CEO는 아예 직무를 서로 맞바꾸어 버린 것이다. 이러한 상황 역시 프레이밍 효과로 설명될 수 있다. 자기만의 프레임에 갇혀있던 본부장들이 상대방의 프레임으로 보게 된 것이다.

가족에게도 프레이밍 효과를 활용해 좋은 결과를 가져온 경험이 있다. 치열한 경쟁률을 뚫고 회사에 입사하게 되면 대개 3개월 이상의 수습 기간이 기다린다. 대개 이 기간 동안에는 월급의 70% 정도를 준다. (회사마다 다르겠지만) 사실 S 전자 등 몇몇 상위 대기업을 빼고는 이 정도 액수의 월급 수준은 거의 최저임금 수준이다. 필자의 큰 아들도 처음 수습기간의 월급을 받아보더니 열심히 한 달 동안 일한 대가치고는 너무 적다고 투덜대었다. 하지만, 그 돈은 한 달 동안의 월급이 아니라, 한 달 동안의 교육비에 추가된 용돈이라고 프레임을 바꾸어 생각해보라고 했다. 사실 신입 사원 몇 달 동안은 제대로 된 퍼포먼스가 나오지 않는다. 그래서 수습 기간은 교육 기간이라 해도 무방하다. 교육을 공짜로 시켜주면서 용돈까지 70% 받는다고 생각해보라. 얼마나 고마운가.
아들은 잠깐 생각해보더니 맞는 것 같다면서 고개를 끄덕거렸다.

프레이밍을 어떻게 활용하느냐에 따라 일의 성과와 리더십 효
과가 달라질 수 있다. 직원들의 마인드와 행동을 변화시키려면
리더의 관점을 먼저 다양하게 바꿔보는 것이 필요하다.

스스로 탐침 질문

1 리더로서 최근 겪었던 딜레마 상황을 떠올려 보자. 프레이밍 효과를 적

   용해본다면 그 상황은 어떻게 바뀌게 될까?

2 프레이밍 효과의 한계는 무엇일까?

   프레이밍 효과가 적용되지않는다면 무엇 때문에 그럴까?

3 서로 다른 프레임이 충돌할 경우 어떻게 해야할까?

조직 내 리더분들에게

한 발자국 뒤에서 다시 바라보세요.

또는 1인칭이 아니라 3인칭 시점으로 전환해서 바라보세요.

또 다른 세계가 펼쳐질 겁니다.

●

이유 기반 선택

Reason based choice

어느 날 아내와 함께 마트에 장을 보러 갔다. 두부 코너에 이르렀는데 아내의 재촉에도 다음 코너로 가질 못한다. 고를 수가 없기 때문이다. 전에는 국산콩으로 만든 두부, 외국산 콩으로 만든 두부, 이렇게 2가지 종류만 있어서 고르기가 편했다. 지금 눈앞에 펼쳐진 두부의 종류는 무려 20여 종류… 연두부, 손두부, 순두부, 부침 두부, 찌개용 두부, 맷돌두부, 해양심층수 두부 등등. 비슷비슷한 종류의 두부가 많으니 무엇을 고를지 몰라 생각하느라 시간이 걸린다. 그렇게 한참을 서있다가 아내가 와서 핀잔을 준다. 뭘 그렇게 멀뚱하니 고르지도 못하냐며 아무거나 하나를 집어 든다. 왜 그것을 골랐냐고 물으니, 그제야 상품을 이리저리 자세히 살펴 본다. 그리고 "제일 싼 두부잖아." 라고 말한다. 알렉산

더 대왕이 따로 없다.

　이렇게 속성은 고만고만한데, 선택할 수 있는 종류가 많을 때 우리는 망설이게 된다. 결국 고민 끝에 선택을 하게 되지만, 사실 뚜렷한 선택 동기나 이유가 없다. 나중에 왜 결정을 하게 되었느 냐고 물으면 그때서야 이유를 갖다 붙인다. 이른바 이유 기반 선 택이다. 이와 관련된 이야기를 소개해 본다.

10화

갖다붙이면 다 이유
〈정당화 리더〉

P 선임은 크리스마스 시즌이 다가왔지만 좀처럼 흥이 나지 않았다. 연말 승진 심사에서 경쟁자인 H 선임에게 밀렸기 때문이었다. 우울한 감정에 휩싸여 일이 좀처럼 손에 잡히지 않아 그는 결국 매니저인 K 팀장에게 별도 면담을 요구하기로 결정했다.

"제가 이번 승진에서 탈락한 이유를 알고 싶습니다."

"그래, 안타깝게 되었네. 하지만 회사에서는 자네의 역량을 높이 평가하고 있어. 올해 실적도 작년 최고라고 할 수 있는 H 선임과 거의 엇비슷하게 나타났고, 뭐 여러 가지 요인들을 살펴봐도 둘 다 뛰어났지. 그래서, 경영진에서 고민고민하다가 H 선임이 자네보다 2년 선배라는 것 때문에 먼저 승진시키자는 결정을 내렸어… 아무리 수평적 조직문화가 좋긴 해도, 같은 값이면 선배가 먼저 올라가는 게 내부 질서가 맞지 않겠나? 우리 회사는 전통을 중시하니 말일세. 내년에는 꼭 승진할 거야. 힘내시게!"

면담을 마친 후 P 선임은 다소 위안이 되었다. 팀장이 만약 H 선임과의 역량 차이라 말했다면 자존심이 상할 수 있었는데, 단순한 연공서열 때문이라 했기 때문이었다. 그렇다면 내년에는 희망이 있구만 하고 중얼거리며 P 선임은 힘차게 자기 자리로 돌아갔다.

다시 1년이 지나고 승진 철이 다가왔다. 하지만 P 선임은 또다시 승진에서 누락이 되었다. 화가 잔뜩 난 그는 K 팀장을 또다시 찾아가 따져 물었다.

"아니, 이번에는 제 차례가 아닙니까?, 올해도 실적이 제일 좋았고 이번에 승진한 L 선임과 비교해도 제가 3년 선배인데…."

"응, 맞아. 자네가 선배이긴 하지, 그런데, 승진을 하려면 뭔가 큰 거 한 방이 있어야 해. L 선임을 한 번 봐, 이번 국세청 조사에서 준비 잘하고 디펜스도 잘했잖아. 그래서 경영진 이목을 많이 받았나 봐… 일을 하려면 저렇게 해야지."

이번에도 당당하게 이유를 갖다 대는 K 팀장을 뒤로 하며, P 선임은 무기력하게 발걸음을 옮길 수 밖에 없었다.

학자들이 재미난 실험 연구를 하였다. 아모스 트버스키Amos Tversky와 엘다 새피르Eldar Shafir는 실험자들에게 다음 A, B 부모 중 어떤 부모에게 양육권을 주어야 하는지 물어보았다. (독자들도 한 번 선택해 보자)

중간 정도의 수입
중간 정도의 건강
중간 정도의 업무시간
아이와의 유대가 어느 정도 있다
사회생활이 어느 정도 안정적이다

중간 정도의 수입
아이와의 유대가 매우 깊다
사회생활이 아주 활발하다
일과 관련된 여행이 많다
건강에 조금 이상이 있다

결과는 64%의 피실험자들이 B 부모를 선택하였다. 그런데, 문제는 그 다음에 발생하였다. 학자들이 다시 A, B 부모 중 어느 부모에게 양육권을 주지 말아야 하는지 선택해달라고 하였더니 55%의 피실험자들이 또다시 B 부모를 택했던 것이다.

이상하지 않은가? 논리적으로 말이 안 된다. B 부모가 양육에 적합한 부모라고 선택되었다면, 당연히 양육에 적합하지 않은 부모는 A 부모일 텐데, 그것 또한 B 부모다? 대안들을 찬찬히 다시 뜯어보자.

전체적으로 보면 A 부모나 B 부모 모두 비슷한데(양육권을 줄지 말지에 대한 피실험자 선택 결과가 불과 64%, 55%라는 것으로 보아 두 부모 모두 아주 뚜렷하게 선호할 만한 대안이 아니라는 것을 알 수 있다), 자세히 보면 B 부모가 다소 차이가 나는 속성들이 있다. A 부모는 아이와의 유대가 '어느 정도' 있다고 기술되어 있는 반면, B 부모는 아이와 유대가 '매우' 깊다고 되어 있다. 이건 피실험자들이 양육권 부여를 선택하는 데에 있어 댈 만한 이유들이다. 한편, B 부모는 일과 관련된 출장이나 건강 이상 등도 눈에 띄는데, 이 속성들은 양육권을 거부할 만한 이유들이다. 그러나 전반적으로 볼 때 두 부부는 큰 차이는 없는 것으로 보인다. 피실험자들은 선택하는데 심적 갈등을 느꼈을 것이다. 그래서 일단 선택한 후 이유 댈만한 것들을 찾았던 것 같다.

사람들은 선택과 판단으로 이루어진 일상을 보내는데, 그 중 어떤 선택은 이런 심적 갈등을 일으키곤 한다. 여러 대안 중 마음에 드는 결정적인 하나를 딱하고 고르면 좋겠지만, 대안들마다 장단점이 고만고만해서 이게 맞는 건지 저게 맞는 건지 헷갈릴 때 특히 그렇다. 이럴 때 사람들은 갈등을 해소하기 위하여 어떤 속성을 중심으로 일단 선택하고 그것에 그럴듯한 이유를 갖다 붙인다. 그리고 원래부터 자기가 그렇게 생각했다는 것을 증명하기 위하여 끊임없이 정당화할 근거를 찾고, 타인들에게는 그 이유에 근거해서 자기가 선택을 했다고 말한다. 이것을 이유 기반 선택Reason based choice, 또는 정당화 휴리스틱justification heuristic이라고 한다. 이유 기반 선택 이론에 따르면 사람들은 자신의 선택을 지지해 줄 수 있는 이유reason가 가장 많은 대안, 즉 정당화 가능성justifiability이 가장 높은 대안을 주로 선택하게 된다.

또, 선호 불확실성이 높은 상황에서 군이 하나의 대안을 선택할 필요가 없을 때 사람들은 선택 자체를 포기하거나, 연기하기도 한다. 이것은 HR 부서에서 인력을 채용할 때 종종 발생하는 현상이기도 하다. 보통의 경우, 지원자 중 상대적으로 역량이 뛰어난 사람들을 뽑는다. 그런데, 어떤 직무에서는 고만고만한 지원자들만 많을 때는 아예 채용을 하지 않거나 보류, 연기한다.

이러한 이유 기반 선택 행동이나 선택 포기 행동은 모두 불확실한 상황에서 발생하는 심리적 갈등을 회피하기 위해 활용하는 휴리스틱이다. 그렇다면 사람들은 왜 이런 이유 기반 선택, 정당화나 합리화 행동을 하는 것일까.

학자들에 따르면, 사람들은 당장 결정하기 어려운 이슈나 문제에 맞닥뜨렸거나, 고만고만한 수준의 대안들 중 하나를 선택해야

할 때, 이러한 이유 기반 선택을 한다고 말한다. 좀 더 깊이 파고 들어보면, 이런 선택을 하게 되는 사람들 뇌에서는 어떤 현상이 벌어지고 있는 것일까?

심리학자 레온 페스팅어Leon Festinger는 인지부조화 현상이 이러한 정당화 휴리스틱과 밀접한 관련이 있다고 한다. 여기서 인지부조화라는 어려운 용어가 나오는데 쉽게 예시를 들어보자면, 다음과 같다.

어느 날, 애주가 김꽐라는 술을 끊는다고 약속했다. 그러나 어젯밤에 어쩌다가 소주를 한 병을 마셔버렸다. 예상되는 김꽐라의 행동은 다음 4가지이다.

1. **행동을 바꾼다.**
   소주를 더 이상 마시지 않는다.

2. **인지를 바꾼다. (자신의 행동을 정당화한다.)**
   조금씩은 마셔도 상관없다.

3. **새로운 인지를 통해 행동이나 인지를 정당화한다.**
   적당량의 술은 신체에 긍정적이다.

4. **가지고 있는 믿음에 의한 정보를 무시하거나 부정한다.**
   소주는 술이 아니다.

김꽐라는 자신이 공언한 금주(태도)를 어겼기 때문에(행동) 마음이 불편해졌다(결과). 그래서 다양한 해결 방법을 모색하여 상황을 타개하려 한다. 자신의 행동을 바꾸거나 태도를 변화시키려 하는 것이다. 이렇게 자신의 태도와 행동 등이 서로 모순되어 양립될 수 없어서 심리적으로 불편함을 느낄 때, 기존의 태도나 행동을 변화시켜 심리적 조화 상태를 유지하려 하는 현상이 나타나는데, 이것을 인지부조화 이론cognitive dissonance theory이라고 한다.

로버트 치알디니는 초전설득이라는 최근 저서에서, 갈등을 겪고 있는 부부에게 재미있는 팁을 제시하고 있다. 잠들기 전에 배우자를 위하여 기도를 하라는 것이다. 정성을 다해서 상대방을 위한 기도를 하게 되면 다음날 배우자를 향한 부정적 행위(폭언, 폭력, 불륜 등)가 많이 줄어든다고 한다. 헌신적 기도 활동과 부정 행위 활동 사이에 인지부조화가 일어나기 때문이다.

상황문에서 K 팀장은 고만고만한 승진 후보자들 때문에 골머리를 썩었던 것 같다. 이렇게 특출난 대안이 없을 경우, 앞서 말했듯이 사람들은 의사 결정에 어려움을 많이 느낀다. 특히 분석형 리더들이 더 그러할 것이다. 그럴 때면 K 팀장처럼 '일단 선택' 하는 것도 방법이다. 그리고 정당화하는 것이다. 뭐 어떤가? 대세에 지장이 없다면 말이다. 우물쭈물 의사 결정하지 못하는 것보다 대안을 빨리 선택하는 것이 시간 절약 면에서 훨씬 낫다는 이야기다. 경영은 시간과의 싸움이기도 하니 말이다. 어떤 경우에는 직관적 사고 중심으로 행동하는 것이 좋을 수도 있다.

참 그리고, 한 가지 팁을 더 제언하자면, K 팀장처럼 승진하지 못한 직원에게 덕담으로라도 다음 승진을 약속하지 않는 것이 좋겠다. 지키지 못할 덕담은 나중에 악담이 되어 돌아올 수 있다.

스스로 탐침 질문

1 리더로서 이유 기반 선택을 하였던 경험이 있다면 어떤 상황이었는가?
   긍정적인 면과 부정적인 면을 같이 생각해 보자.

2 인지부조화 현상을 직원 관리에 긍정적으로 활용한다면 어떤 것이 있을까? 예를 들면, 근태가 불량한 직원의 행동을 교정하려면 어떻게 할 수 있을까?

3 의사 결정은 스피드가 중요한가, 질이 중요한가?
   지나치게 늦은 의사 결정이나 회피성 의사 결정은 왜 안 좋은가?

조직 내 리더분들에게

모호한 상황이라면 우선 결정부터 내리는 것도 필요합니다.

결정이 지연되거나 회피되면 더 큰 문제가 발생될 수 있기 때

문이죠.

적시 의사 결정은 현대 리더가 가져야 할 필수 역량입니다.

감정 휴리스틱

코로나 팬데믹 이후, 한반도에 미세 먼지가 다시 기승을 부리고 있다. 스마트폰의 날씨 정보를보니 서울의 미세 먼지가 농도가 30이라고 되어있다. 이 정도 숫자라면 좋은 것일까 나쁜 것일까? 감이 잘 안온다.

그런데, 이것을 단박에 해결한 앱이 있다. '미세미세'라는 앱이다. 이 앱은 그동안 주로 숫자 중심의 미세 먼지 정보 앱과는 다르게 아이콘(아래 그림 참조)을 활용하여 미세 먼지의 위험도를 직관적으로 파악하게 한다.

출처: 세미세 앱 화면 캡처

이렇게 단순 숫자 나열보다는 아이콘이나 그림으로 정보를 제공하는 경우, 사람들은 더 직관적으로 빠르게 정보를 파악하고, 대처할 수 있다.

사람들은 보통 이성적 동물이라고 한다. 하지만 상황이 여의치 않을 경우(위험도가 증가하거나 새로운 변화의 상황) 이성보다는 감정적 작용이 더 빨리 일어난다고 한다. 미세미세 앱은 바로 이 점에 착안하여 만들어졌다.

슬로빅Slovic이라는 학자는 이와 같이 위험과 관련된 정보를 파악할 때, 사람들은 문자나 숫자(합리성)에 비하여 이미지를 더 생생하게 느끼기 때문에(감정적 작용), 그에 대한 반응이 더 크다고 하면서 이를 감정 휴리스틱affect heuristic이라고 이름 지었다. 이와 관련된 이야기 몇 가지를 소개한다.

142

11화

한 가지 잘하면 다 잘해
〈현혹 리더〉

S 차장은 최근 고민에 빠졌다. S의 평소 업무 역량을 높이 산 K 상무의 지시 때문이었다. 교육팀 멤버인 그에게 핵심 인재 확보 프로젝트라는 뜻밖의 과업을 주었던 것이다. 원래 인사팀에서 주관했던 이 프로젝트가 교육팀으로 넘어온 것은, 깔끔하고 추진력 있는 업무 스타일의 S 차장이 K 상무의 눈에 들어서 그런 것 같았다.

HR 전반을 관장하는 K 상무의 입장에서는 아무나 일 잘하는 사람에게 중요한 과업을 맡겨도 되는 것이겠지만, 각 팀의 역할 책임이 명확하게 나누어져 있는 상황에서 S 차장의 입장은 당연히 곤욕스러울 수밖에 없었다.

사실, 이전 직장에서 교육 업무와 인사 업무를 모두 경험한 S

차장으로서는 핵심 인재 확보라는 과업은 낯설지가 않았다. 새로 이직한 지금 회사에서 충분히 역량을 발휘할 수 있는 기회였고, 자신도 한 번 부딪혀보고 싶긴 하였다.

하지만, 원래 인재 채용과 확보 업무를 담당했던 인사팀이 눈치켜뜨고 바라보는 상황에서 잘해도, 못해도 구시렁거리는 소리가 들릴 것은 뻔했다. 게다가 인사팀장은 자기 팀원들 들으라는 듯이 "이렇게 일을 하니까 교육팀에 일도 뺏기는 거잖아!" 하면서 노골적으로 투덜대었다.

지시는 이행해야하므로 S 차장은 이것저것 자료를 긁어모아 드래프트 안을 구성하기 시작하였다. 그런데 시작부터 문제가 발생하였다. 보고서를 작성하기 위해서는 몇 년 치의 인사 평가 데이터가 필요한데, 인사팀에서 평가 결과 오픈을 거부한 것이다.

나름대로 일리는 있었다. 개별 평가 결과에 대해서는 인사팀의 평가 담당자만 액세스가 가능하고 인사팀장조차 접근이 불가하도록 IT 시스템이 만들어져 있었던 것이다(물론 인사팀장이 보려고 마음만 먹으면 볼 수 있었지만). 인사팀장은 심지어 채용과 관련한 각종 보고서와 기본 데이터조차 제한적으로만 제공하라고 직원들에게 지시하였다. 노골적인 업무 방해였다.

S 차장의 드래프트 안은 이론적인 부분과 경쟁사 상황, 회사의 가치에 적합한 핵심 인재 기준 설정 등은 어찌어찌 정리되어 갔

으나, 현실 인사 데이터의 부족으로 계속해서 보고는 연기되었다.

그러다 결국 납기를 넘기고야 말았는데… 지시한 납기를 넘기자 K 상무의 채근이 시작되었다. 이러지도 저러지도 못한 S 차장은 결국 K 상무를 찾아가 거짓말을 하였다. 아무래도 자신의 역량이 딸려 이번 프로젝트는 못할 것 같다고….

결국 다시 업무가 조정되어 인사팀으로 과업이 이관되었지만, K 상무의 못마땅한 기색이 한동안 S 차장을 괴롭혔다. 과연 이 상황에서 어떻게 해야 현명하게 대처할 수 있었을까? 퇴근하는 S 차장의 어깨가 축 처졌다.

◆

사람들은 종종 한 가지를 잘 하면 다른 것도 잘 할 것이라는 생각을 한다. 이른바 후광 효과Halo Effect다. 학자들에 따르면, 후광 효과는 어떤 대상에 대한 첫 이미지가 그 사람이나 대상의 다양한 특성에 대한 평가에 영향을 미치게 하는 평가자의 경향을 말한다. 즉, 어떤 대상에 대하여 첫 이미지에 호의적인 느낌을 가지게 되면, 그 대상이나 사람에 대한 태도 또한 호의적인 판단을 하게 되며 나아가 그 대상과 관련된 세부적 특징들에게도 긍정적 느낌이나 태도를 가지는 것이라고 말할 수 있다. 이러한 후광효과도 비합리적인 심리 경향이므로 감정 휴리스틱에 해당된다.

미국 컬럼비아대 손다이크Edward Lee Thorndike 교수는 공군 지휘
관들에게 비행 훈련생들의 다양한 부분을 평가하라고 하였다. 결
과는 매우 흥미로웠는데, 원래부터 평소 인상이 좋고 모범적인
품행으로 잘 알려진 부하들은 사격도 잘하고, 군화도 잘 닦고, 하
모니카도 잘 분다는 등 다른 사람들보다 거의 모든 항목에서 높
이 평가되었다. 반면, 인상이 좋지 않은 병사들은 모든 부분에서
평가 절하를 당하였는데, 손다이크는 이것을 후광 효과와 대비하
여 악마 효과the Devil Effect라고 불렀다.

후광 효과는 마케팅, 심리 상담, 교육 현장 등에서 흔하게 나타
난다. 마르코니John Marconi라는 사람은 마케팅 관련 책을 출판하
면서, 어떤 책들은 표지에 '하버드 대학 고전서' 라는 문구를 넣
고, 다른 책들은 '대학 고전서'라고만 했다. 그 결과 '하버드 대학
고전서'라고 새겨져있는 책들이 두 배로 가격을 매겨도 잘 팔리
는 반면, 나머지 책들은 그다지 잘 팔리지 않았다고 한다. 김동연,
정재권 등도 학생들을 대상으로 재미있는 연구를 하였는데, 같
은 내용의 답안인데도 글씨를 잘 썼을 경우와 그렇지 않을 경우
의 점수 차이가 있다는 것을 밝혀냈다. 이때 글씨가 점수 평가에
미치는 영향을 후광효과로 설명하였다. 예능 프로인 속사정 쌀롱
1화에서도 비슷한 실험을 했다. A라는 사람을 한 그룹에게는 유

명한 교수로, 다른 그룹에게는 평범한 철학과 대학원생으로 소개
하였다. 수업이 끝나고 설문조사에 남자의 키가 몇으로 보이냐
는 질문을 했다. 과연 소개하는 내용에 따라 키가 달라 보일까?
그랬다. 대학원생은 평균 175.8cm인 반면, 유명한 교수는 평균
176.9cm로 더 키를 크게 답변했다.* 유명한 교수라는 이유로 교
수의 자질과 전혀 상관없는 키까지 높게 평가한 것이다.

직장에서는 채용 장면에서 면접관들이 피면접자들을 평가할
때 그들의 부분적인 특성인 외모나 첫인상만을 보고 선발하는 경
우 이러한 후광 효과가 작용했다고 할 수 있다.

그렇다면 어떻게 해야 후광 효과에서 벗어나 객관적인 시야를
가질 수 있을까? 답은 크로스체크이다. 다른 증거를 찾아 비교해
보는 것이다. 증거들이 켜켜이 쌓이게 되면 원래 생각과는 많이
달라질 수 있다. 그런데 처음에 지나치게 부정적으로 각인이 되
어버린 경우, 이를 바꾼다는 것은 (이론적으로 가능해도) 정서 상으
로 쉽지 않다.

이럴 때 약간의 팁을 하나 제시해 본다. 소위 영화관 기법이라
는 것인데, 원리는 매우 간단하다. 잠시 눈을 감고 명상에 잠긴다.

---

* 이 실험에서 특히, 키가 180cm이상일 것이라고 추정한 빈도는, 대학원생으로 소개받
은 그룹은 6명, 유명교수는 무려 13명이었다. (출처: JTBC)

아무도 없는 영화관에 홀로 영화를 본다고 상상한다. 그리고 스크린에 후광 효과의 대상자 얼굴을 띄운다. 다음에 그 사람과 처음 만난 상황을 영화 장면처럼 띄운 후, 그 화면이 점점 작아지게 한다. 한편, 영화관 한쪽 끝에서부터 점점 커지는 다른 영상을 하나 띄우는데, 내용은 그 사람과의 긍정적인 관계의 상황이다.(그러한 상황이 없다면 그냥 상상만 해도 괜찮다.) 이렇게 부정적인 기억은 점차 페이드아웃하고, 긍정적 상상을 겹치게 페이드인 시켜서 좋지 않은 첫 각인을 없애는 기법이다.

스스로 탐침 질문

1 자신의 친구 중 부정적인 첫인상으로 친하게 지내지 않았으나, 나중에 진면목을 알아 친하게 지냈던 기억이 있었는가? 현혹 효과로 설명해 보자.

2 현혹 효과로 부하 직원을 평가한 경험이 있는가? 이를 방지하고 객관적 평가를 하려면 어떻게 해야 할까?

3 상품을 고를 때에도 현혹 효과가 발생할 수 있다. 관련된 경험이 있다면 어떤 것이 있는가? 이럴 경우 어떻게 해야 현혹 효과를 방지할 수 있을까?

조직 내 리더분들에게

36면체 축구공을 한 번 생각해 보세요.

축구공의 한 쪽 면이 6각형이라고 해서, 36면체* 모두를 6각 정다면체로 착각하면 안 되듯이 사람도 보이는 것이 다가 아닙니다.

직원들의 다양한 면모를 발견하고 기억해 주세요.

---

* 축구공은 5각형 면과 6각형 면을 번갈아 꿰메 만든 준정다면체임.

12화

일만 잘하면 돼
〈이성만능형 리더〉

    J 부장은 대학에서 경제학을 전공하고 지금의 회사에 입사하여 약 20여 년간을 회계 담당으로 근무해왔다. 그는 어려서부터 수학을 좋아하고 숫자로 분석하는 것을 선호하다 보니 세상만사를 모두 수數 개념으로 인식하는 버릇이 생기게 되었다. 그래서인지 회사 업무뿐 아니라 인간 관계조차도 숫자로 처리하는 습관이 들어 평소 직원들을 대할 때도 쟤는 100점 만점에 몇 점짜리…식으로 평가하곤 하였다.

    어느 해인가 J 부장의 탁월한 숫자 감각 덕에 회사는 100억 가까이 절세를 하였고, 이에 대한 공로로 이듬해 부산 사업장의 총괄 업무 대행으로 발령나게 되었다. 게다가 상무 이사로 두 단계 진급하였고, CEO의 특별 배려로 운전기사와 전담비서까지 배치

되었다.

하지만, 부산 사업장의 직원들은 J 상무를 달갑지 않게 여겼다. 자신들이 평생 열심히 근무하여 도달할 포지션을, 서울 본점 사람이 중간에 덜컥 차지하였으니 당연하였다. 게다가 J 상무는 숫자로 중무장한 일 중독자로 알려진 인물이니, 조직 분위기는 한층 더 냉랭하였다.

사실, 부임하자마자 J 상무는 업무의 효율성을 따져 직무 재정의 및 인력 재배치를 지시하였으며, 여러 TFT를 출범시켜 직원들의 업무 강도를 높이기는 했다. 하지만, 동시에 매출액과 순이익 지표도 우상향하기 시작한 것도 사실이었다. 부산 지점 임직원들로서는 성과급의 추가 지급이 예고되어 결코 나쁘지 않은 상황이었던 것이다.

그러나, 숫자로만 커뮤니케이션하는 그의 소통 방식에 많은 중간 리더들이 힘들어하였으며, 견디지 못한 어떤 이들은 J 상무가 부임한 이후 그의 언행을 집중 관찰하여 부정적인 것만 골라 몰래 노조에 전달하기까지 하였다. 점차 조직 분위기가 뒤숭숭해져 갔다.

한편, 부임 후 반년이 지나 J 상무는 자신의 경영 정책에 대한 직원들의 동향이 궁금해졌다. 객관적인 데이터를 얻으려면, 전사적인 조직문화 복합 진단 컨설팅을 받아야 하므로 좀 단순하게 접근하기로 하였다. 직원 휴게실에 일일 직원 만족도 전자 게시판을 설치하라고 지시하였던 것이다. 디지털 패드에 숫자를 터치하면 그날 그날의 만족도가 집계되는 시스템이었다. 나름 직원들을 생각한 소소한 아이디어였다.

그런데 엉뚱하게도 노조에서 바로 발끈하며 반대 성명서를 냈다. 노조의 요지는, 새로 부임한 J 상무가 숫자 마니아라고 하던데 직원들의 감정조차 숫자화시켜 관리하려고 하는 것은 아닌가…하는 것이었다.

나름 직원들을 배려하는 아이디어였는데 왜 이런 오해를 할까? 평소 워커홀릭으로만 알려진 그의 평판 때문일까? 아니면 강성 노조 때문일까? J 상무는 야속했다. 그는 사무실에 혼자 남아 '이 사태를 어떻게 대응할까?', '자신의 심리적 불편감은 10점 만점에 몇 점일까?' 등등을 노트에 끄적이다 쓸쓸하게 퇴근하였다.

◆

사람들은 익숙한 것과 친숙한 것에 대하여 그렇지 않은 것보다 선호하는 경향이 있다. 여러분들은 코카콜라와 펩시콜라 중 어느 콜라를 더 좋아하는가? 이와 관련된 재미있는 연구가 있다. 심리학자들은 콜라 시음 대회를 열어 사람들이 코카콜라와 펩시콜라 중 어느 콜라를 선호하는지 조사하였다. 두 콜라는 화학적 조성이 거의 동일하다. 당연히 블라인드 맛 테스트에서 거의 비슷한 선호도가 나왔다. 그런데 블라인드 테스트가 아닌 두 브랜드를 알려주고 테스트한 경우에는 코카콜라의 맛을 두 배 정도 선호하는 것으로 나왔다. 왜 그럴까? 소비자들은 '코카콜라'라는 말 자체가 더 귀에 익은 단어이고, 그 소리만 들어도 편안하고 친숙하기 때문이다.

이와 같이 즐거움, 편안함, 쾌락, 펀 등의 긍정적 감정의 힘이 사람들의 확신을 증가시키는 것을 친숙성Familiarity 휴리스틱이라 한다. 어떤 상품의 기본적 가치에 의한 평가를 하기보다는 단순히 자기에게 얼마나 친숙한지가 중요한 선호의 기준이 되는 것이다.

필자가 그룹의 부장단 리더십 교육을 할 때, 'Kiss' 제목의 두 가지 예술 작품을 보여준 적이 있었다. 하나는 로댕의 조각 작품이었고, 또 하나는 클림트의 작품이었다. 둘 중 누구의 작품이 불륜 연인들의 키스인지 알아맞혀 보라고 하자, 대부분의 참가자들이 클림트의 작품을 선택했다. 오답이다. 로댕의 작품은 13세기 시동생과 사랑에 빠진 불륜 유부녀를 그린 작품이었고, 클림트의 그림은 평생 플라토닉 한 사랑을 했던 연인, 에밀리 플레게와의 키스 장면을 그린 것이었다. 그렇다면 참가자들은 왜 클림트의

오귀스트 로댕 〈키스〉, 1901, 구스타프 클림트 〈키스〉, 1908~1909,
영국 테이트모던 미술관 오스트리아 벨베데레 미술관

그림을 선택한 것일까?

   교육 후 인터뷰를 해보니 그들은 작품 속 스토리는 대부분은 모르는 채 그저 클림트의 그림이 많이 친숙해서 선택했다고 하였다. 대표적인 친숙성 휴리스틱의 사례라고 할 수 있다. 이와 같은 사례는 주변에서 많이 볼 수 있다. 독자 여러분은 삼성이나 LG 등 국내 우량주 주식에 투자를 많이 하는가 아니면 벨기에나 프랑스의 우량주 주식에 투자를 하는가? 아마도 귀에 익숙한 국내 기업이 평소에 잘 듣도 보도 못한 기업보다 더 가치있게 느껴질 것이다.

   양동이에 60개의 플라스틱 공이 있다고 하자. 이 중 20개는 빨

간 색이고, 나머지 40개는 검은 색 또는 하얀 색 공이다.(40개의 공

중 몇 개가 검은 색 공인지 하얀 색 공인지 공을 뽑기 전까지는 알 수 없다)

독자 여러분은 다음 A, B 대안 중 어느 것을 선택할 것인가?

A: 빨간 색 공을 뽑으면 1백만원을 받는다

B: 검은 색 공을 뽑으면 1백만원을 받는다

아마도 A 대안을 많이 선택했을 것이다. '확실한 30%의 확률'

인 빨간 색 공이 더 끌리기 때문이다. 검은 색 공의 경우, 어쩌면

39개가 들어있을 지도 모르지만, 반대로 1개만 들어있을 수도 있

기 때문에 불확실하고 모호한 느낌이 든다. 사람들은 이러한 불

확실성이나 모호함을 가급적 회피하고 싶어한다.

이것을 친숙성 휴리스틱의 이면 현상으로 모호성 회피Ambiguity

Aversion 휴리스틱이라 한다.

이러한 친숙성 휴리스틱이나 모호성 휴리스틱 등은 모두 감정

휴리스틱의 일종이다. 로버트 B. 자이온스Robert B. Zajonc라는 학자

는 감정이 의사 결정이나 판단에 매우 중요한 역할을 한다고 주

장하였다. 어떤 현상이 일어나면 사람들은 인지 반응, 즉 '저것은

무엇이다.'라고 생각하기 이전에 '이크, 무섭다~' 하는 정서적 반

응이 먼저 나타난다고 하였다. 즉, '집'을 떠올릴 때 그냥 '집'이 아

니라 편안한 집이나 멋진 집, 더러운 집 등의 정서와 결합된 이미지를 떠올린다는 것이다.

이러한 감정, 정서는 진화의 맥락에서 이성과 함께 복잡하게 발전해 왔다. 플릇칙Plutchik 같은 진화학자들은 인간의 신체 조직, 사고, 버릇, 휴리스틱, 편향 등이 생존에 적합하게 진화되어 왔듯이 감정도 생존 확률을 높이도록 진화되어 왔다고 주장한다. 분노는 적에게 대응할 때, 호감과 친숙함은 사람들과 어울리고 배우자를 찾을 때 효과적 기제이다. 이러한 패턴이 수천만 년에 걸쳐 생물의 DNA에 켜켜히 쌓여왔기에, 자극이 발생하면 다양한 휴리스틱으로 나오게 되는 것이다.

상황문에서 J 상무는 바로 이 지점을 몰랐던 것이다. 부산 직원들이 평소 서울 지점의 낙하산 인사에 대해 부정적 인식을 갖고 있고, J 상무가 일 중독자라는 평판이 있었기 때문에, 그가 아무리 좋은 정책을 편다고 해도 왜곡된 시선으로 볼 수밖에 없었다. 직원들의 마음속에는 이미 감정 휴리스틱이 들어차있는 것이다. 이럴 땐 어떻게 해야 할까?

회사 가치 재정립(이를테면 인간 존중 중심 강조)과 직원 친화적 HR 제도 정비 등 시스템의 변화와 더불어, 리더인 J 상무 개인 스스로의 노력(감성 경영 등)도 필요하다. 조직문화 개선에 대해서도 지나치게 숫자 중심으로만 접근하지 말고, 다양한 감성 이벤트 개최나 상징물 설치 등으로 이미지 개선을 꾀했으면 더 좋았을 것이다. 또, 다양한 채널로 직원들 개개인을 만나 그들이 무엇을 원하는지, 회사에서 불편한 점은 무엇인지 개별적으로 소통을 하는 것도 필수적이다.

필자가 근무했던 모 그룹은 60여 년의 역사를 지닌 꽤 전통 있는 회사였다. 인력 공급은 주로 공채 중심의 순혈주의로 이루어졌고, 그만큼 경력직 등 외부인에 대해서는 배타적이었다. 당연하게도 경력 사원으로 입사한 필자에 대해 기존 직원들의 반발이 컸다. 심지어 노조에서 필자를 비롯하여 경력으로 입사한 직원들을 퇴출시키라고 대자보를 붙이기까지 하였다. 또 무슨 일을 기획하고 운영하여도 반대 여론이 먼저 들끓었다. 이 난관을 어떻게 뚫고 나가야 하는가? 고민이 깊었다.

필자는 직원들을 무리로 대하지 말고 직원 한 사람 한 사람과의 관계 형성을 하는 것이 매우 중요하다고 판단하였다. 먼저 사내 동호회 및 직원 애경사, 회식 등에 적극 참여하면서 주요 영향력이 있는 사람들을 포섭(?)하여 각개격파식으로 친해지는 전략을 사용하였다. 그리고 그들을 통하여 좀 더 지인들을 넓혀가고, 공식적 교육 장면이나 비공식적 티타임을 많이 활용하여 그들과 감성적으로 친숙해질 수 있도록 노력하였다.

이렇게 몇 년이 지나자 처음에 필자를 대자보에 올려붙인 노조

위원장조차 서로 형 아우 할 정도로 친해졌다. 그 후에는 당연하게도 어떤 일을 기획하거나 집행하여도 탄탄대로, 말 그대로 순풍에 돛 단듯 순조로웠다.

리더십이라는 화두를 생각해 보면, 리더의 입장에서는 주로 이성적 영향력을 미치려 하지만, 직원의 입장에서는 감성적 영향력이 우선일 수 있다. 모든 성공적인 리더십은 주는 편이 아니라 받아들이는 편에서 판단하기 때문이리라.

스스로 탐침 질문

1 리더로서 감정 휴리스틱에 빠져 엉뚱한 결정을 내린 적이 있는가? 그런 상황이 다시 온다면 어떻게 판단할 것인가?
2 직원들이 감정 휴리스틱에 빠져 일의 진행이 잘 안된 경험이 있는가? 어떻게 코칭을 해야 할까?
3 리더로서 감성 리더십을 효과적으로 발휘할 수 있는 아이디어에 대해 생각해 보자.

조직 내 리더분들에게

직원들의 가슴속 얼음을 녹이는 것은 감성이고,

직원들의 머릿속 비전을 세우는 것은 이성입니다.

리더가 비상하기 위해서는 한쪽의 날개로만 날 수 없습니다.

이성과 감성의 양쪽 모두의 날개를 활용하시기 바랍니다.

3장

후회형 리더의
4가지 실수

사람들은 어떤 문제를 해결하기 위하여 앞서 살펴본 분석적Analytical인 유형이나 직관적Intuitive인 유형의 시스템을 번갈아 사용하는데, 학자들은 이것을 이중 정보 처리 이론Dual Process Theory이라고 부른다.

분석적이나 직관적 유형은 사람들의 인지적 성향에 따라 분류한 것이고, 3장에서 살펴볼 후회형의 경우 '후회'라는 부정적 정서에 대한 민감성에 근거한 분류이다.

후회형도 두 가지로 분류할 수 있는데, 예상된 후회anticipated regret와 경험된 후회experienced regret가 그것이다. 전자는 의사 결정을 하기 전에 대안을 선택한 후 미래에 예측되는 후회를 말한다. 후자는 실제 의사 결정을 한 후에 경험하는 후회를 말한다.

후회형 리더가 주의해야 할 편향으로는 현상 유지 편향, 타협 효과, 매몰 비용 효과 등이 있는데, 이를 중심으로 이야기를 풀어나가고자 한다.

현상 유지 편향

사람들은 의사 결정을 해야 할 상황에서 특별한 이득이 주어지지 않는 이상 지금 현재를 유지하려는 경향이 강한데, 대니얼 카너만과 탈러는 이러한 현상을 **현상 유지 편향**Status-Quo Bias이라고 명명하였다. 다른 은행에 지금의 적금보다 더 좋은 조건의 상품이 나왔음에도 불구하고 주거래 은행 상품만 계속 이용한다든지, 같은 브랜드의 치약이나 팩 등을 지속적으로 사용하는 것 등이 현상 유지 편향의 실례이다.

이러한 현상 유지 편향은 마케팅, 영업 장면에서 집토끼 유지 전략 등, 긍정적으로 활용할 수 있지만, 변화와 혁신을 고민하는 조직, HR 장면에서는 타파해야 할 현상 중 하나라고 볼 수 있다.

13화

했던 대로 해
〈디폴트형 리더〉

K 팀장은 그룹에서 새롭게 추진하는 외식 사업을 총괄하기 위하여 올 초 채용이 되었다. 미국의 유명한 C 버거 체인을 들여와 10년 이내에 아시아퍼시픽 지역에 1만 개의 업장을 내는 것이 최종 목표이다. 이를 위해서 먼저 국내 유명 관광지에 플래그십 스토어를 정착시키고, 3년 이내에 300개 업장을 오픈시키는 것이 그의 1차 목표로 설정되었다.

우선, K 팀장은 외식사업에 대한 핵심 역량을 확보하기 위하여, 기존 조직을 정비하고 부족한 인원을 확충하는 한편, 교육 훈련을 통하여 내부 직무 전문가를 육성하기로 하였다. 이를 위하여 사내 공모로 3~4명의 마스터 트레이너 후보자를 선발해서 이들을 미국 오하이오에 위치해있는 C 버거 교육 센터에 보내는 육성 안과, 상시 채용팀 신설 및 기존 팀 단위의 조직을 외식 사업 본부로 격상시키는 안을 각각 경영진에 올렸다.

하지만, 첫 관문부터 난관에 부딪히게 되었다. 그룹 인사실에서 K 팀장의 인원 확충은 연말이나 가능할 것이라 통보해왔고, 기획실에서는 조직 변경은 임원 인사 이후에나 가능하다고 알려왔던 것이다. 또한, 연수원에서는 기존 인력 풀pool에서는 마스터 트레이너master trainer 후보 적격자를 찾지 못하겠다고 통지해왔다. 어쩌면 제조업체 중심의 사업을 해왔던 그룹의 기존 스태프 입장에서는 당연할 수도 있는 루틴들이었으나, 신규 사업을 추진하는 K 팀장의 입장에서는 곤혹스럽기 그지없는 상황이었다. 경영진에게 어려움을 호소하였으나, CEO는 기존 스태프들의 적절한 협력을 통해서 문제를 해결하라고만 하였다.

K 팀장은 다시 인사실장과 기획실장을 찾아 외식 사업의 특성을 설명하며 도움을 청했으나, 그들은 특정 사업부의 예외를 허용하게 되면 전체 시스템을 모두 손봐야 한다면서 기존 입장을 고수하였다. 연수원장은 다시 한 번 사내 공모를 할 수는 있겠지만, 기존 제조업의 마인드를 가진 직원들이 새롭게 외식 사업에 도전할는지 의문이라고 하였다.

이 사업이 과연 그룹에서 성공할 수 있을까…K 팀장은 막막해졌다.

✦

월스트리트 투자 전략가이자 컬럼비아 경영 대학원 교수인 마이클 모부신Michael J. Mauboussin은 국가 간에 장기 기증 정책을 둘러싼 기본 선택default option 편향에 대하여 재미있는 사례를 들었다. 그는 독일과 오스트리아 국민들이 장기 기증에 동의한 비율은 각각 12퍼센트와 거의 100퍼센트로 큰 차이가 나는 것을 발견하였다. 이유는 무엇일까? 오스트리아 국민이 독일 국민보다 생명에 대한 애정이 더 강해서? 전혀 아니었다. 장기 기증 동의서를 작성할 때 독일에서는 장기 기증을 안 하는 것으로 디폴트 옵션이 체크되어 있는 반면, 오스트리아는 장기 기증에 동의하는 것이 디폴트로 되어있었던 것이다. 장기 기증에 동의하지 않는 오스트리아 국민들은 별도로 주관청에 전화를 하면 되는데, 대부분의 국민들은 소위 귀차니즘 때문에 그냥 디폴트 옵션대로 놔두는 것이었다.

이러한 디폴트 옵션 편향은 현상 유지 편향이라고도 하는데, 특히 마케팅에서 많이 활용되고 있다. 필자는 관광업에 몸담았던 관계로 호텔이나 모텔 등 국내의 많은 숙박업소들을 경험했었는데, 그 중 많은 무인텔 업소들이 이런 디폴트 옵션을 사용하고 있다는 것을 발견했다. 무인텔을 방문하면 투입기에 현금을 넣

으라고 되어 있는데, 카드를 사용하려는 고객은 별도 전화를 해서 지정된 위치에서 카드 결제를 따로 해야 한다. 현찰 중심이다. 왜 이렇게 해놨을까? 아마도 신분을 노출시키지 않으려는(?) 일부 불륜 고객들의 편의를 위한 것 같다. 그들은 카드보다는 증거가 남지 않는 현금을 선호할 것이고(그리고 카드 결제를 하려면 별도로 초인종을 눌러 직원을 불러야 하니 같이 온 상대방에게 이게 무슨 X팔림인가?), 이는 업소의 탈세 전략과도 맞물려 있을 것이다.

최근 넷플릭스나 유튜브 등에서 한 달 무료로 구독해 주는 서비스를 전개하는 것도 바로 이 현상 유지 편향을 활용한 것이다. 한 번 맛보면 중간에 그만두거나 다른 것으로 갈아타는 게 귀찮기 때문에 기존 상품을 계속 이용하게 된다. 또, 인터넷이나 스마트폰 판매업체들이 가입보다는 해지를 어렵게 해놓는 정책 역시 이러한 맥락이라고 볼 수 있다. 고객들의 귀차니즘을 활용한 것이다.

그런데, 조직 장면에서는 이러한 편향은 상당히 문제가 될 수 있다. 상황문에서 K 팀장의 사례가 그러하다. 경영진에서 새로운 사업을 펼치기로 하였다면 그에 걸맞은 조직과 인원, 인건비 계획, 육성 방법 등이 적절하게 지원이 되어야 한다. 투자비 내에서 네가 알아서 해봐 하는 식으로는 결코 신사업이 성공할 수가 없다.

필자가 몸 담은 기업 중에서 식품업체가 있었다. 그곳에서 기업 컨설팅 본부를 새로 차린다고 하여 컨설턴트로 스카우트가 되었는데, 입직하고 보니 모든 제도와 정책은 기존의 식품 제조업을 영위하기 위하여 오래 전에 수립한 것들을 그대로 적용을 하고 있었다. 심지어는 컨설팅을 위한 외출, 출장도 기존의 제도로 묶는 바람에 유연한 대처가 불가능하였고, 연봉이나 성과급 문제도 기존 루틴을 적용하는 바람에 전혀 동기부여가 되지 않아 1년도 안되어 이직을 한 경험이 있다. 지금 생각해보면, 그 회사의 관리 담당 이사의 행동은 전형적인 현상 유지 편향에 맞춰져 있었다. 상황문과 같이 새로운 사업을 시작할 경우, 처음부터 독립 사업부를 꾸려주던지 아니면 별도 법인을 설립하여 해당 사업에 적합한 제도와 조직을 정비해 주는 것이 타당할 것이다.

조직 속 구성원들 역시 이 편향에서 자유롭지 못하다. 특히 한 분야에서 오래 근무하게 되면 그간의 성공 경험이나 관행들이 쌓여 다양한 루틴들이 만들어진다. 그러한 루틴들이 직원들 간에 공유되어 큰 흐름으로 이어지게 되면, 그것이 결국 조직문화의 한 측면으로도 나타나게 된다. 리더들은 이러한 루틴들이 현재의 경영 환경과 정합성을 이루는지 늘 확인해야 하고, 그렇지 못하다면 루틴 파괴를 시도해야 한다. 이러한 일들은 당연히 어려울 것이다. 앞서 이야기한 대로 대개 사람들은 현상 유지를 선호하는 경향이 있으므로….

이러한 루틴을 파괴하려면 먼저 그 루틴과 연결되어 있는 기존 제도와 정책들의 영향력을 점검해야 한다. 영향력에 따라 가중치를 매기고, 모순되거나 방향이 일치하지 않는 것들에 대한 제거, 조정을 해서 새로운 제도와 정책을 수립한다. 한편으로 이미 기존 루틴에 적응해있는 직원들에게 루틴 파괴의 당위성을 알리고, 새로운 제도와 정책에 동참할 것을 주문해야 한다. 이른바 혁신 프로세스의 전개이다.

여기서 제일 중요한 것은 역시 리더의 변화와 혁신의 리더십 발휘이다. 리더는 혁신 에이전시가 되어야 하며, 모든 의사 결정을 새로운 제도와 정책에 맞추어 지시해야 한다. 필자가 모신 CEO 중에는 평소 감성 리더십을 발휘하는 P 부회장님이라는 분이 계셨다. 당시 회사에서는 새롭게 오픈한 영업장이 있었는데, 성희롱이 빈번하게 발생하여 큰 이슈로 대두될 때였다. 부회장님 부임 이전의 경영진은 성희롱 문화에 대하여 뭐 그럴 수도 있지…하면서 괜히 조직을 들쑤시지 말라고 하는 안이한 사고방식의 디폴트주의자들이 대부분이었다. 그런데 P 부회장님은 이런 성희롱Sexual Harassment 이슈에서만큼은 철저하게 무관용 원칙을 지켰다. 성희롱을 하는 직원들에 대해 무조건 무기 정직이나 해고를 했던 것이다. 이 정책은 그동안 형식적으로 실시했던 성희롱 예방 교육보다 백 배 이상 효과를 가져왔다. 리더의 강력한 혁신 리더십 발휘가 조직의 부정적 현상 유지 현상을 타파했던 것이다.

마지막으로 관련 팁을 하나 제언하자면, 조직 내 현상 유지 편향을 뜯어고치기 위해서는 부분적이 아닌 전체적이어야하며, 점진적이 아닌 과감한 추진이 필수적이다. 그리고 당연히 혁신적 마인드의 리더의 육성이 중요한 것은 말할 나위 없을 것이다.

스스로 탐침 질문

1 리더로서 현상 유지 편향에 빠져 지시한 경험은 있는가? 어떤 상황이었으며, 그 결과는 어떠하였는가?

2 루틴한 일과 변화 지향적 일로 나의 일을 구분하여 보자. 각각 몇 % 정도 되는가? 또, 루틴한 일을 좀 더 효과적으로 개선하면서 진행하려면 어떻게 해야 할까?

3 현상 유지 편향에 빠져있는 부하 직원을 코칭 하려면 어떻게 해야 할까?

조직 내 리더분들에게

리더의 할 일은 성공 루틴을 만드는 것이 아니라 그것을 깨는 것입니다.

어제의 성공 경험은 향후 실패의 원인이 될 수 있습니다.

모든 것을 제로베이스에서 '다시' 생각하는 것이 필요합니다.

14화

이미 다 해봤어
〈박학둔식 리더〉

K 팀장은 영업 본부장 L 전무의 호출을 받고 미팅룸으로 들어
갔다. 최근 신입사원 이직률이 상당히 높아지고 있는데 그 원인
과 대응 방안을 논의하자는 것이었다. 영업 본부장은 평소 말이
많기로 소문난 인물이었다. 게다가 이것저것 아는 것도 많아, 어
지간한 논리로는 그를 이길 수 없다는 이야기가 파다하였다.

괜히 주눅이 든 K 팀장… 회의 시간 내내 그의 이야기만 듣다
가, 말미에 생각나는 대로 몇 가지 대안을 제시해 보았다. 우선,
우리 회사 같은 서비스업에서는 다른 곳보다 급여 수준이 낮으
니 비급여적 요소를 많이 활용해야 한다, 그 대안으로 서비스 관
련학과의 우수 자원들을 4학년 때부터 선확보 작업을 하고, 입사
후에는 OJT를 겸한 멘토링을 단기간에 집중 실시한다…등등.

한참 듣고 있던 영업 본부장은, "그런 것은 이미 다 고민해봤어. 효과가 별로 없었어."라고 단칼에 무자르듯 이야기하였다. 잠시 멘붕이 온 K 팀장은 머릿속을 정리한 후, 또 다른 제안을 제시해 보았다. 이를테면, 소위 게이미피케이션 방법을 활용하여 성실하게 근무를 오래 하는 직원들에게 별 풍선을 서로 달아주기, 메타버스를 활용한 원격 근무, (역발상으로) 이직하려는 다른 직원을 대상으로 상담사 역할해 주기 등등….

이에 영업 본부장은 "그런 비현실적인 이야기 말고, 그럴듯한 대안을 제시해 봐"라고 또 이야기를 끊었다. 이후 다양한 방법의 대안을 제시하였지만, 그럴 때마다 영업 본부장은 "다 고민해 봤다, 과거에 비슷한 경험을 했는데 효과가 없었다, 뜬구름 고만 잡고 내 이야기를 들어보아라…" 등의 부정적 반응을 보이며 K 팀장의 대안들을 받아들이지 않았다. 그리고 자신의 박학다식함을 자랑하려는 듯, 여러 선진 사례(아마도 미팅 전에 인터넷 자료를 샅샅이 뒤졌음이 틀림없는)를 한참 늘어놓으며 마침내 5시간에 걸친 마라톤 회의를 끝냈다.

미팅룸을 나가는 K 팀장의 뇌리 속에는 "대체 이 긴 시간에 뭘 논의한 거지?"라는 물음표가 계속 맴돌았다.

＋

자연과학이든 사회과학이든, 과학Science이라는 것은 끊임없는 도전의 결과이다. 어떤 현상에 대하여 가설을 세우고 증명을 하게 되면, 후속 연구자들이 지속적으로 재증명하는 도전을 하게 되고, 이 과정에서 기존 가설이 계속 유지될 것인지 새로운 가설로 대체될 것인지가 판가름나게 되는 것이다.

리더의 의사 결정 프로세스 역시 비슷하다. 조직의 어떤 문제나 이슈에 대하여 그럴듯한 가설들을 세우고, 그것의 타당성에 대하여 논의를 하면서 수많은 대안들을 수용하기도 하고 기각하기도 한다. 이러한 의사 결정 과정에서 리더의 그릇과 리더십이 드러나게 마련이다.

미국의 리더십 학자 게리 유클은 기존의 사람과 일 관리에 초점이 맞추어져 있던 리더의 역할을 변화 관리 영역까지 확대하였다. 지나치게 단기 업적에 치중하는 리더라면 기존의 사람과 일관리 중심, 즉 현상 유지 중심으로 의사 결정을 할테고, 중장기 시야를 가진 리더라면 변화와 혁신 중심으로 방향성을 가져갈 것이다. 상황문에서 영업 본부장은 아마도 현상 유지 중심으로 일관리를 추진하는 인물인 듯하다. 16화에서 제시한 현상 유지 편향에 빠진 리더의 모습이다.

학자들에 따르면, 이러한 현상 유지 편향은 손실 회피loss aversion 와 후회 회피regret aversion라는 두 가지의 심리적 기제로 나눌 수 있다. 여기서 손실 회피라는 것은 사람들이 비슷한 매력을 갖는 대안들을 평가할 때 이익을 더 키울 수 있는 방안보다 손실을 더 줄일 수 있는 방안을 높이 평가하는 것을 말한다.

예를 들면, 이직을 고민하는 직원 홍길동은 좋은 급여 조건을 제시하며 당장 입사해달라는 A사와, 지금 퇴직하게 되면 희망퇴직금을 줄 수 없다(연말까지 기다려라)는 현재 회사 B사를 평가할 때, A사를 선택하는 이익보다는 B사를 포기하는 손실감이 더 크기 때문에 함부로 이직 결정을 할 수 없게 된다.

사람마다 다르겠지만, 코인 투기가 한창 유행이었을 때, 자신의 보유 부동산을 팔아서라도 코인 시장에 뛰어든 사람들은 그다지 많지 않았을 것이다. 코인 시장이 단기간에 2배~3배 뛴다는 소식을 들어도 말이다. 왜냐하면, 코인 시장에 뛰어들었을 때 나타날 수 있는 잠재적 손실이 지금 자기가 보유하고 있는 부동산 자산의 잠재적 이득보다 더 크다고 평가하기 때문이다. 이것 역시 전형적인 손실회피로 인한 현상 유지 편향이다.

한편, 후회 회피는 사람들이 아무것도 하지 않는 것inaction보다 뭔가 행동하는 것action을 선택할 때, 나중에 그 선택의 결과가 안 좋게 되면 더 큰 후회를 느낄 수 있기 때문에 나타난다. 이것을 벨Bell은 부작위 편향omission bias이라 하였다.

즉, 사람들은 현재 대안보다 새로운 대안을 채택할 때 나타날 수 있는 미래의 후회감을 줄이기 위하여 현상 유지 편향을 보인다는 것이다. 길이 막힐 때, 안가본 길로 가는 것보다 기존의 익숙한 길로 그대로 가는 이유가 바로 이 부작위 편향 때문이다.

한때 코로나 19 백신에 대하여 10대(특히 초등, 중등) 학생들의 논리도 이런 것이다. 중학교 2학년인 필자의 막내 아들도 "백신 맞고 죽으면 어떻게 해?"라며 강력하게 백신 맞기를 거부하였는데(사실 주사 맞는 게 아파서 그런 핑계를 대는 것 같기도 하다), 이러한 백신 거부 현상이 바로 부작위 편향이다.

그러면 이러한 부작위 편향은 왜 생기는가? 사람들의 동기 지향성을 연구한 히긴스Higgins에 따르면, 사람들이 자신의 행동을 조절하려는 두 가지 초점이 있다고 하는데, 자신의 행동을 이상, 희망, 열망 등과 관련된 성장과 발전 중심으로 행동을 조절하는 것을 향상 초점promotion focus이라 하고, 의무나 책임감 등을 중심으로 안전, 보호 중심으로 행동을 조절하는 것을 방어 초점prevention focus이라고 분류한다. 여기에서 특히 방어 초점을 가진 사람들은 항상 경계를 늦추지 않으면서, 잘못된 대안을 선택하지 않기 위하여 노력하기 때문에 부작위 편향을 보일 가능성이 높다.

영화 매트릭스에서 네오 같은 이들이 향상 초점을 가지고 변화를 꾀하려는 사람이다. 그는 모피어스가 내민 빨간 알약을 망설임 없이 집어먹고 새로운 변화를 택했다. 반면, 동료인 사이퍼는 안락한 세계로 다시 돌아가려 한다. 코로나 이후 엔데믹 상황의 불투명성이 높아진 지금, 기업들은 네오 같은 리더를 필요로 한다. 가만히 앉아만 있다가는(부작위) 남들에게 조종 당하는 매트릭스 같은 상황이 만들어지기 때문이다.

어느 회사에서 연말 임원 인사에 무려 5번이나 낙마한 이가 있었다. 그의 평소 업무 성과는 매우 무난했고 애사심도 뛰어난 편이었다. 자신이 맡은 팀을 잘 운영하였고, 지적을 받을 만한 큰 과오도 없었다. 그런데 왜 임원이 되지 못하였을까? 경영진의 답은 이러하였다. "과오 없는 것이 가장 큰 과오"라고 하였다. 즉, 그는 그저 부장 정도로 만족하면 될 인재라는 것이었다. 현재의 상태를 끊임없이 의심하고 새로운 도전을 하는 사람, 비록 어려움과 실수가 예상되지만 그 너머의 성장을 생각하는 향상 초점을 가진 네오 같은 사람이 임원이 될 자격이 있다는 것이다. 역시 임원은 아무나 하는 자리가 아니다.

스스로 탐침 질문

1 무엇을 하는 것과 하지 않음의 본질적인 차이는 무엇일까?

2 나의 직장 경험을 돌이켜 보았을 때, 나는 주로 일을 저지르는 편이었는가? 아니면 큰 과오가 없기만을 바라는 편이었는가? 왜 그러하였는가?

3 리더로서 부작위적 태도는 경영에 어떤 결과를 초래할까?

조직 내 리더분들에게

편안하고 안락한 의자를 경계하세요.

편안함은 근육을 위축시키고, 시야를 흐리게 합니다.

또, 안락한 의자는 한순간 가시방석으로 변할 수 있습니다.

●

타협 효과

여기에 해산물 메뉴가 하나 있다. A 메뉴는 고급 어류 중심으로 이루어져 있고, 가격은 10만 원이다. B 메뉴는 일반적인 어류 중심이고, 가격은 5만 원이다. 손님들은 B 메뉴를 많이 선택한다. 가게 주인은 나름 고급 어류도 준비했는데 팔리질 않아 고민이다. 그러다 특 A 메뉴를 개발한다. 고급 어류에 바닷가재 요리까지 더한 것이다. 가격은 15만 원으로 책정하였다. 다음 날부터 손님들의 행동이 달라졌다. 거의 선택을 하지 않았던 A 메뉴의 매출이 엄청나게 올라갔던 것이다.

이게 어떻게 된 현상인가? 학자들은 선택 대안의 객관적인 속성에 기초하여 일관된 결정을 하지 않고 기존에 가지고 있던 지식이나 태도, 감정 등 맥락Context에 따라 선호가 바뀌고 이에 따른 결정을 한다.

위 사례에서는 A 메뉴가 극단적인 대안에서 중간 대안으로 바꿈으로써(맥락이 바뀜) 손님들이 선택할 확률이 높아졌는데, 이러한 현상을 **타협 효과**라 부른다.

15화

중간이 제일 편안해
〈오늘도 무사히 리더〉

P 팀장은 자신의 다이어리 한켠에 붙어있는 '오늘도 무사히' 스티커를 바라보며 회의실로 향했다. 그는 살그머니 문을 열고 보신주의자답게 사람들 눈에 잘 띄지 않는 후미진 좌석에 조용히 착석하였다.

이윽고 회의 맨 앞자리에 주니어 시절 동안 P 팀장을 들들 볶았던 C 부사장의 모습이 나타났다. 올 연말 임원 인사에 계열사 대표로 부임한다는 소문이 은근히 돌았는데 결국 사실로 밝혀져 P 팀장을 움츠러들게 하였다.

C 부사장은 성격이 괄괄하고 직설적이어서 온순한 성격의 P 팀장과는 영 맞지 않았다. 대리 시절, 여직원들이 보는 앞에서 크게 질책 당했던 장면이 떠올라 P는 저절로 손아귀에 힘이 들어갔

다. 회의가 시작되고 예상대로 C 부사장의 질책이 각 부서장에게 쏟아졌다. 회의가 끝난 후에는 부서마다 난리 법석이 난 것은 당연한 수순이었다.

C 부사장 부임 이후, P 팀장의 보신주의는 더욱 강해졌다. 팀원들이 새로운 정책이나 아이디어를 올려도 적당하게 자르거나 연기하도록 지시하였다. 그렇다고 질 낮은 보고서를 CEO에게 보여주는 것은 아니었다. 그동안 성공하였던 제도 중심으로 기획서를 다시 예쁘게 손질하여 올렸을 뿐이었다. 무난하게 통과할 수 있는 것들만 플래닝 하였고, 사고 없이 운영하는 것만이 그의 최고 관심사였다.

하지만, 팀원들은 달랐다. MZ 세대 직원들 중심으로 불만이 커져갔다. CEO 실에서 내려오는 지시사항은 늘 변화와 혁신을 요구하는 것이었는데, 그 흐름으로 보고서를 작성하여 팀장에게 보고를 올리면 대부분 커트 당했던 것이다.

어쩔 수 없이 불만 있는 직원들과 토론을 하게 되면, P 팀장은 늘 총론 찬성, 각론 반대였다. "다 알고있다, 그리고 보고 방향성은 인정하고 지지한다"라고 해놓고선, "시기가 좀 이르다…또는 대안이 너무 새롭다, 검증이 안되어 있다, 과격하다, 오버다…"라는 식으로 다시 원점으로 돌리는 것이었다. P 팀장의 의사 결정 기준은 오로지 하나였다. 검증된 적당한 수준의 대안….

연말이 되자, 팀 내 우수 인력들의 전보 요청이 인사팀에 쇄도하였고, P 팀장의 리더십이 경영진에 논의가 되기 시작하였다.

✦

사람들은 여러 대안 중 하나를 고를 때, 제시되는 대안들의 속성을 비교 평가하여 선택한다. 그런데 그 속성들의 가치에 대하여 잘 모르거나 중요성에 대한 판단이 쉽지 않을 때 중간에 놓인 답을 선호하는 경향이 많다. 이러한 현상을 타협 효과Compromise Effect라고 한다. 타협 효과는 두 가지 대안이 존재하는 선택구조에서 새로운 대안이 추가될 때, 중간 수준의 대안의 선택 확률이 증가되는 현상이다.

그림에서 보면, 속성 A의 관점에서 보면, 대안 Z가 대안 X보다 극단적으로 열등하고, 속성 B의 관점에서 보면 대안 X가 대안 Z보다 극단적으로 열등하다. 반면에 대안 Y는 두 속성 모두에 대해 손실이 적어 보인다. 그래서 X, Y, Z 3개의 대안을 비교할 때 각각 두 개씩을 비교하는 것보다 대안 Y의 매력도가 높아지고 Y는 우월한 대안이 되는 것이다. 즉, 각 속성에 대한 손해가 이득보다 크게 보이기 때문에, 양극단의 대안들은 기피하게 되고 결국 타협 효과가 나타나는 것이다. 다만, 이러한 타협 효과는 의사

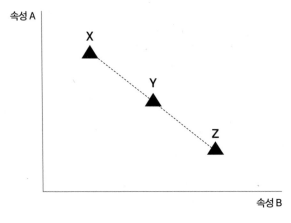

속성 A

X

Y

Z

속성 B

타협 효과의 개념

결정자의 명확한 선호가 없는 상황에서 심리적 갈등이 발생할 경우에 주로 해당한다.

당신이 세계 여행 도중 이탈리아의 어느 멋진 레스토랑에 들렀다고 해보자. 파스타를 골라야 하는데, 이탈리아어로 쓰인 메뉴판을 보니, '하얀 것은 종이요, 까만 것은 글자이니라…'생각밖에 안들 정도로 아무것도 모르는 상황이라면, 어떻게 주문을 하는 것이 좋을까? 첫 페이지를 열어보니 A라는 메뉴와 B라는 메뉴가 먹음직스러운 사진과 함께 소개되어 있다. 그런데 가격표를 보니 A라는 메뉴는 12유로(우리나라 돈으로 약 1만 6천 원)이고, B라는 메뉴는 21유로(우리나라 돈으로 약 2만 8천 원)이다. 해산물과 토마토를 곁들인 B 메뉴가 마음에는 들지만, A 메뉴의 2배 정도의 가격을 지불하자니 배낭여행을 하는 당신의 마음이 편치 않다. 다음 페이지를 넘겨보니 C 메뉴의 사진이 나와있다. 자세히 보니 C 메뉴를 구성하고 있는 재료들은 B 메뉴와 별반 차이가 없는 것 같은데(치즈만 한 조각 더 있을 뿐이다), 가격은 무려 40 유로(우리 나라 돈으로 약 5만 4천 원)이다. 갑자기 당신의 눈이 반짝한다. 이제 당신은 너무나도 자연스럽게 B 메뉴를 고른다. 당연히 이탈리아 와인 한 잔도 곁들여서 말이다…일종의 사기(?), 또는 휴리스틱의 덫에 빠진지도 모르고 말이다.

이렇게 사람들의 심리를 잘 아는 마케터는 자기들이 팔고 싶은 주력 상품 주변에 극단값의 메뉴들을 포지셔닝 해 두고 주력 상품 판매를 유도한다. 소위 소비자들의 극단 회피 성향을 활용한 전략이다.

이러한 극단 회피 성향은 전술한 손실 회피 성향과 관련이 있다. 사람들은 극단값 선택은 아무래도 위험하며, 잘못하면 손해를 볼 수 있다고 생각한다. 같은 값이라도 이득보다는 손해 값을 더 민감하게 생각하는 손실 회피 성향 때문에 사람들은 정체를 알 수 없는 상황(메뉴판의 글자도 요리의 속성도 모르는 상황)에서는 극단값보다는 중간값을 선호한다는 것이다.

여기서 묘미는, 첫 번째 대안과 두 번째 대안을 먼저 들이밀고,

나중에 둘째 대안과 비슷하지만 약점이 큰 세 번째 대안을 내미는 것이다. 소위 유인 효과attraction effect이다. 유인 효과는 이와 같이 새로운 미끼 상품을 메뉴에 추가할 경우, 소비자가 새 상품보다 기존에 마음먹었던 상품을 고를 확률이 증가하는 것을 말하는데, 이러한 연구 내용은 당시 학계에 매우 놀라움을 주었다. 왜냐하면 새로운 대안의 추가는 결코 기존 대안의 점유율을 증가시킬 수 없다는 것*를 위배하는 결과이기 때문이었다. 이렇게 타협 효과나 유인 효과는 세일즈 측면에서 응용하면 효과적 전략이 될 수 있다.

하지만, 지금처럼 변화와 혁신이 요구되는 경영 장면에서 타협 효과는 걸림돌로 작용될 소지가 있다. 타협 효과 분위기가 조직 전체적으로 적당주의 문화로 흐를 수 있고, 리더들 역시 자기 몸만 챙기는 보신주의 리더십을 행사할 수 있기 때문이다. 그러면 조직의 어떤 면들이 타협 효과의 부정적 분위기를 나타내는가? 필자는 아래 8가지 폴트fault를 타협 효과의 폐해로 지적하고 싶다. (이것을 '돌구어우중모이다'라는 8음절의 약자로 제시해본다.)

---

* 이것을 정규성 원리regularity principle라고 한다.

조직의 8가지 폴트 **돌구어우중모이다**

첫 번째 폴트: **돌**다리도 두들겨 보고 건너라

두 번째 폴트: **구**관이 명관이다

세 번째 폴트: **어**디에 쓰여 있냐

네 번째 폴트: **우**리 일이 아니다

다섯 번째 폴트: **중**간만 가자

여섯 번째 폴트: **모**난 돌이 정 맞는다

일곱 번째 폴트: **이**미 다 해본 거야

여덟 번째 폴트: **다** 지나간다

어떻게 해야 이러한 조직 내 타협 효과 분위기를 줄일 수 있을까? 3가지 정도를 제언하고 싶다. 첫 번째, 어떠한 의견 표출도 가능한 조직 분위기, 두 번째 주도적 커뮤니케이션을 할 수 있는 팔로워의 용기, 그리고, 이 모든 것을 수용하고 격려하는 리더십이 그것이다.

요즘 기업에서는 수평적 조직 문화 도입이 한창이다. 가부장적 문화가 아직 남아있는 우리나라의 정서 상 산업화 세대와 X세대는 심적으로 수용하기 힘든 부분이 많다. 하지만 대다수의 MZ세대는 수평적 소통을 요구한다. 당연히 위 세대가 변해야 한다. 위 3가지 제언 중에서 가장 중요한 것은 역시 리더의 역할인 듯하

다. 상황문의 리더 같은 사람 밑에서라면 누가 과연 주도적으로 의견을 올릴 수 있을 것인가, 결국 조직 분위기는 냉랭해지고, 조소와 불평불만이 만연해질 것은 불 보듯 뻔한 일이다.

스스로 탐침 질문

1 왜 리더는 종종 타협 효과에 빠지는가? 타협 효과에 빠지지 않기 위해서 리더는 어떻게 해야 하는가?

2 타협 효과의 본질은 무엇인가? 타협 효과가 반드시 부정적인 효과인가?

3 타협 효과가 긍정적으로 활용되는 경우는 어떤 것이 있는가? 실제 현장에서 목격될 만한 타협 효과는 어떤 것이 있는가?

조직 내 리더분들에게

중간에 있지 말고, 중심으로 나서야 합니다.
리더 여러분의 위치가 조직의 향방을 바꿀 것입니다.

●

매몰 비용 효과

당신은 이번 여름 휴가를 위하여 프랑스 파리 편도 티켓(약 100만 원)과 중동 두바이 편도 티켓(약 50만 원)을 모두 구매하였다. 원래 두바이를 거쳐 파리를 가는 여정이었는데, 어쩌다 보니 일정이 꼬여서 파리 아니면 두바이 둘 중 하나만 선택해야만 한다. 두바이는 친구 3명이 이미 리조트에 도착해서 빨리 오라고 하는 상황이고, 파리는 아무도 없이 혼자 배낭여행을 해야만 하는 상황. 어떻게 하겠는가? 아마도 파리를 택할 가능성이 높을 것이다. 왜 그럴까?

학자 아르케스와 블루머Arkes and Blumer는 이러한 현상을 **매몰 비용 효과**의 일종이라고 하면서, 이러한 현상이 일어난 이유는 자신에 대한 합리화self-justification 때문에 발생한다고 하였다. 이와 관런하여 조직에서 일어나는 에피소드를 소개해 본다.

16화

들어간 돈이 얼만데
〈본전 생각 리더〉

해외 연수를 책임지고 있는 L 팀장은 출근하자마자 고민에 빠졌다. 매년 20여 명 정도의 우수 사원들을 선발하여 10박 11일의 유럽 연수를 보내고 있는데, 대상자 중 일부가 개인 사정으로 불참 통보를 한 것이었다.

유럽은 숙박 취소 수수료가 원래 높은 데다, 출발이 임박해서 취소하게 되면 환불받을 가능성은 거의 제로이다. 계산을 해보니 거의 수천만 원에 가까운 쌩돈을 날리게 생겨 L 팀장은 정신이 아득해졌다. 작년에 비용 절감 차원에서 포상 연수비를 좀 더 깎아야한다고 예산담당 부서장이 질렀을 때 간신히 방어를 했는데, 이런 상황이면 올해 사업 계획에서 더욱 강력하게 공격해올 것이 뻔했다.

다시 한번 불참 통보자들에게 참석 제고를 요청하였으나, 그들은 심각한 독감과 부친상 등의 피치 못할 이유를 들며 난색을 표하였다. 더 이상의 방법을 찾지 못하자 L 팀장은 대체 인원을 한번 찾아보라고 지시하였다. 직원들이 부랴부랴 전 사업장의 리더들에게 연락을 하였으나, 한참 현업이 바쁜 상황이라 리더들도 갑작스런 연수 대상자 차출은 어렵다는 입장이었다.

결국 연수 기간 동안 대체 인원 공급과 개별 설득 등의 방법을 총동원하여 출발 이틀 전 간신히 연수단 구성이 완료되었다. 안도의 한숨을 몰아쉰 L 팀장, 이렇게라도 수습한 것이 다행이라고 스스로 다독이면서 직속 상사인 P 부회장에게 상황 보고하러 임원실로 들어갔다.

그러나, 일이 터지고 말았으니… 직속 상관인 부회장은 이러한 상황을 보고받자 L 팀장에게 불벼락 같은 질책과 호통을 치는 것이었다. 왜 대체 인원을 선정했느냐라는 것이었다. 비용을 아꼈다고 칭찬을 기대했던 L 팀장의 얼굴이 우거지처럼 꾸겨졌다. 자칫 지금까지 수습했던 노력이 물거품이 될 처지가 된 L 팀장….

L 팀장의 문제는 과연 무엇이었을까?

1969년 프랑스와 영국이 팀워크를 맞추어 개발하였고, 1976년부터 상업 비행을 시작한, 아주 멋진 비행기가 있었다. 지금은 역사 속으로 사라진 콩코드라는 비행기이다. 이 여객기는 최고 속도가 아음속 즉, 마하 2.2로 기존의 비행기보다 엄청나게 빨랐고, 아주 날렵한 디자인을 뽐낸 비행기로 유명하였다. 하지만, 워낙 스피드가 빠르다 보니 기체 내 소음과 빠른 마찰로 인한 동체 손상, 연료 문제 등이 개발 초기부터 대두되었고, (날렵한 디자인의 결과로) 일반 여객기의 3분의 1 수준밖에 승객을 태울 수 없는 등, 실제 상용화의 전망은 매우 어두웠다. 그런데 개발비가 이미 10조 원 이상 투자가 된 상태라 중간에 그만둘 수 없는 상황이 계속되었다. 결국 부족한 운행 편수나 화재 사고 등으로 2003년 4월에서야 운행을 중지했는데, 여기서 유래한 것이 바로 콩코드 효과Concorde Effect이다. 학문적으로는 매몰 비용 효과sunk cost effect, 또는 함몰 비용 효과라고도 한다. 즉, 매몰 비용 효과란 사람들이 돈이나 노력, 시간 등을 일단 투입하면 그것을 계속 유지하려는 성향을 가리킨다.

　리처드 탈러Richard Thaler는 다음과 같은 실험을 통하여 개인의 의사 결정에서 매몰 비용 효과를 연구하였다.

한 가족이 집에서 60마일이나 떨어진 곳에서 열리는 농구 경기 티켓을 40달러에 구매하였다. 경기 당일, 심한 눈보라가 몰아쳤지만 가족 모두는 농구 경기장에 가기로 한다. 만약, 이 가족이 티켓을 무료로 얻었더라면 어땠을까? 아마도 모두 집에 그냥 머물렀을 것이다.

위의 사례에서 가족들이 합리적인 사고를 한다면 이미 지불한 40달러가 아깝더라도 포기하는 것이 맞다. 생각해 보라, 심한 눈보라가 치는 날씨 때문에 이동하는 경비와 시간은 평소보다 늘어날 것이 뻔하고, 위험도도 크지 않겠는가? 이 가족은 농구 경기장에 참석할 것인지 의사 결정을 할 때 매몰 비용을 중요한 요인으로 생각하였기 때문에 엉뚱한 결정을 하게 된 것이다.

그렇다면, 이러한 결정은 왜 내리게 된 것일까? 탈러는 심적 회계Mental Accounting라는 개념으로 설명한다. 즉, 심적 회계는 개인과 가계가 재무적 활동을 조직, 평가, 유지하기 위해 사용되는 일련의 인지적 작용the set of cognitive operations으로 정의된다. 쉽게 이야기하자면, 기업들이 회계 장부를 작성하는 것처럼 사람들도 나름 마음의 회계 장부를 작성해 재무활동을 인식하고 평가한다는 것이다. 위 사례에서 가족들은 티켓값을 지불할 때 심적 계정을 '오픈Open'하며, 경기장에 가면서 계정을 "마감Close"한다고 볼 수 있다. 일반적으로 사람들은 심적 계정을 적자 상태로 마감하지 않으려는 경향이 있기 때문에(즉, 이미 지불한 40달러가 아깝기 때문에) 가족들 모두 거친 눈보라에도 불구하고 농구 경기장에 가려고 한 것이다.

매몰 비용 효과의 사례는 우리 주변에서 흔하게 관찰할 수 있다. 예를 들면, 맛집이라고 해서 갔는데 음식이 기대에 못 미치고 형편없을 때, 이미 주문한 음식을 포기할 수 없어 계속 깨작거리면서 먹는 경우나, 별점 다섯개 짜리 평점을 받은 영화를 보러 갔다가 실제로는 재미없을 때, 중간에 나갈 수는 없고 어떻게 끝내나 보자 하고 팔짱 끼고 남아있는 경우 등이 이에 해당한다.

필자의 아내는 스시를 매우 좋아한다. 월급쟁이 형편상 고급 스시집은 가지 못하고 무한리필 초밥집을 가끔 모시고(?) 가는데, 문제는 갈 때마다 부작용이 생긴다는 것이다. 익히 알다시피 무한리필 초밥집은 대개 시간과 비용이 제약이 있다. 즉, 입장료를 선지불하고 제한 시간 내 식사를 해야 한다. 식사하다가 잠시라도 멈칫하면 손해를 볼 수 있다. 선지불한 비용 이상으로 이득을 얻으려면 시간 내 최소 20 접시 이상을 먹어야 한다. 따라서, 우리 부부는 주변 눈치 보지 않고 열심히 접시를 비워댄다. 결과는? 당연히 배탈이다. 사실 40분 정도 주어지는 식사 시간은 길지도 짧지도 않은 시간인데* 이미 지불한 비용이 먹는 내내 머리에 떠나지 않기 때문에(손해를 보지 않으려고) 앉자마자 마구 입에 우겨넣고 보는 것이다.

최근 우리나라 정치권에서 에너지 생산 정책에 대해서 충돌이 잦다. 기존의 원자력 및 석탄 활용 에너지 생산 정책과 환경, 새로운 재생 에너지 생산 정책이 서로의 장단점을 따지며 맞붙고 있는 것이다. 사실 ESG 경영과 그린 텍소노미, RE100** 등 새로운 에너지 전환의 시대에 이러한 정책 대립은 다소 낡은 논쟁일 수 있다. 글로벌 세계는 이미 탄소 제로 시대를 미래의 공통 비전으로 선언하였고, 우리나라도 이에 따를 수밖에 없는 처지이기 때문이다. 그런 관점에서 볼 때 최근 신고리 5·6호기 공사 중단이나 재개 문제에 매몰 비용 효과는 중요한 의사 결정의 요소로 작용한다.

지난 2021년 4월 대법원은 신고리 5·6호기 원전 건설 허가를 취소해야 한다며 국제 환경단체 그린피스와 시민들이 낸 소송에 대해 최종 패소 판결을 냈다.*** 이에 앞서 1심에서는 건설 취소

---

* 생각해보라, 직원식당에서 배식받을 경우 10분이면 뚝딱 해치우는 것이 우리나라 사람들의 식습관이다.

** RE100은 Renewable Electricity 100%의 약자로, 기업 활동에 사용하는 전력의 100%를 태양광과 풍력 등 재생에너지로 대체하자는 글로벌 기업간 협약 프로젝트이다.

*** 2021년 08월 04일자 중앙일보

시 이미 신고리 5·6호기 건설에 참여하고 있는 1,602개 업체 중 적지 않은 수가 도산하거나 특정 산업 분야나 경제에 악영향을 끼칠 가능성이 언급했다. 또한, 2017년 7월부터 10월까지 신고리 5·6호기 건설을 멈춘 기간 동안 이미 약 1,091억 원의 손실비용이 발생한 걸 보면, 취소 및 재허가 절차에 최소 4년 이상 걸리는 만큼 1조 원이 넘는 손실이 발생할 가능성이 있다고 봤다. 2심과 대법원도 1심의 판단을 받아들여 원고의 항소를 기각했는데, 이러한 논리 속에도 바로 매몰 비용 효과가 있는 것이다.

조직에서도 이런 매몰 비용 효과의 사례는 적지 않다. 1990년대 중반, 기업에서 한창 IT를 통한 업무 혁신 바람이 불 때였다. 당시 팀장은 입사한 지 얼마 안 된 필자에게 연말까지 교육 IT 인프라 구축 프로젝트를 수행하라고 지시하였다. 막막하였지만, 선배들의 도움을 받아 업체를 선정해서 프로젝트를 수행한지 약 3개월 만에 어느 정도 결과물이 나오게 되었는데, 문제가 발생하였다. 당시 모든 IT 시스템들이 텍스트 기반에서 GUIgraphical user interface(사용자가 컴퓨터와 정보를 교환할 때, 그래픽을 통해 작업할 수 있는 환경) 기반으로 전환되고 있었는데, 필자가 수행하고 있던 프로젝트는 옛날 텍스트 기반 그대로였던 것이다. 프로젝트 도중에라도 바꿀 수 없는지 업체와 의논해 보았지만 업체에서는 이미 투입된 인원과 노력 때문에 안된다고 하였다. 결국 연말까지 시스템은 완결되었지만, 경영진의 큰 주목을 받지 못하고 몇 년 후 전사적인 ERPEnterprise Resource Planning 프로젝트에 흡수되어 사라지게 되었다. 프로젝트를 수행한 업체나 필자 모두 매몰 비용 효과의 덫에서 빠져나오지 못한 사례라고 볼 수 있겠다.

상황문에서 L 팀장은 무엇 때문에 질책을 받았을까? 이 사례역시 필자의 실제 경험담을 바탕으로 구성한 것인데, 당시 P 부회장은 '매몰 비용'보다는 '연수의 목적'에 대한 망각, 무시를 지적하였던 것이다. 포상 해외 연수가 목적이라면 당연히 포상자가 대상자이다. 매몰 비용이 아까워 대체 인력을 선정하는 것은 정책의 목적을 훼손하는 것이다.

스타우Staw라는 학자는 과거 행위를 합리화하려는 욕구를 과거 지향적 합리성retrospective rationality이라 하였고 미래의 수익에 기반하여 행위를 합리화하는 것을 미래 지향적 합리성prospective rationality라고 하였다. L 팀장은 과거 지향적 합리성을 중심으로 행동했고, P 부회장은 미래 지향적 합리성을 중심으로 행동한 것이다. 눈 앞의 매몰 비용에 집착하기보다는 그 너머의 본질이 무엇인지를 깨닫게 해주는 좋은 사례다. 후회형 리더가 유의해야할 휴리스틱 중 하나이다.

스스로 탐침 질문

1 부하 직원 관리 시, 매몰 비용 효과로 결정을 후회한 경험이 있는가?

2 매몰 비용 효과를 줄이기 위해서는 어떤 마음가짐으로 일해야 할까?

3 집단 의사 결정과 개인 의사 결정 중, 어느 쪽이 매몰 비용 효과의 영향

이 더 있을까?

조직 내 리더분들에게

본전보다는 본질을 먼저 생각하세요.

과거에 매달릴수록 후회는 늘어나고, 미래로 내달릴수록 가치

는 높아집니다.

●

에필로그

　우리나라 인구 수보다 많은 6천만 명 이상이 넷플릭스를 소비한다. 넷플릭스는 6천만 명의 시청자들의 취향을 2,000개 이상으로 분류해 서비스를 제공한다. 이것이 가능한 이유는, 20명 정도의 태거Tagger라 불리우는 전문가 집단이 온종일 콘텐츠를 보면서 태깅Tagging을 하기 때문이다.

　덕분에 넷플릭스를 켜면 곧바로 나에게 익숙한 취향의 동영상들이 화면에 떠오른다. 직관적이다. 한편으로 이것을 가능하게 한 것은 프로그램의 알고리즘이다. 넷플릭스 서비스야말로 이성과 직관을 적절하게 활용한 서비스다. 원래 넷플릭스는 자사 콘텐츠가 경쟁사보다 새롭지도 않았고, 다른 OTT 서비스 업체들보다 콘텐츠의 양이 많은 것도 아니었다. 그들은 이러한 알고리즘(합리)+휴리스틱 메커니즘(직관)으로 성공하였다.

필자는 이러한 통합적 관점을 조직개발이나 리더십 개발 부문에서도 대입해 보면 어떨까 싶었다. 차가운 머리(이성, 합리, 분석)와 뜨거운 가슴(감성, 직관)의 리더가 기업의 혁신을 이끈다면 엔데믹의 불확실한 상황에서도 경쟁력을 확보할 것이다. 그러기 위해서는 심리적 원인에서 비롯되는 리더의 사소한 실수를 최소화하여야 한다. 그들의 작은 실수 하나가 조직 전체를 흔들 수도 있다. 마치 수백만 개의 부품으로 이루어진 우주왕복선 챌린저호가 제 역할을 하지 못한 오링o-ring이라는 부품 하나로 폭발한 것처럼 말이다.

총 16가지의 상황문에 나타나는 리더들의 이상한(?) 실수는 모두 이러한 메커니즘이 투영된 결과들이다. 아마도 실제 현장에서 발생하는 많은 비합리적 판단과 오류가 이러한 메커니즘으로 해석될 수 있을 것이다.

리더를 바라보고 평가하는 눈은 경영진만이 있는 것이 아니다. 전후좌우의 모든 사람들이 매시간 관찰한다. 리더의 행동과 결정이 상황과 맞지 않는 휴리스틱이나 편향에서 비롯되지나 않았는지, 또는 지나친 알고리즘 분석이나 과거지향적 사고에만 빠져 결정 시기를 놓치지는 않는지 늘 돌아봐야 한다. 고단한 귀양살이에도 늘 자신을 채찍질하며 반성했던 다산 정약용은, 인간의 완성은 사소한 일상에서부터 시작된다고 하며 늘 공부하고 조심하라고 질책하였다. 이 시대의 리더들이 명심할 만한 말이다. 설사 의사 결정이나 판단의 실수가 있었더라도 솔직하게 인정하고, 적극적으로 플랜 B를 가동해야 한다. 그런 의미에서 현대는 실수에 마주하는 용기가 있는 리더가 절실하게 필요한 시기이다.

참고문헌

- 곽준식(2005), 매몰 비용 효과의 매개변수 검증과 조절초점이 매몰 비용 효과에 미치는 영향, 국내박사학위논문, 高麗大學校, 서울
- 노성종, 이완수(2013), 지구온난화 對 기후변화: 환경커뮤니케이션 어휘 선택의 프레이밍 효과, 커뮤니케이션 이론 9권 1호(2013년 봄호)
- 더 골, 이재형, 플랜비디자인
- 대니얼 카너만, 생각에 대한 생각, 김영사
- 로버트 치알디니, 초전설득, 21세기북스
- 류재성(2018), 프레이밍효과(framing effects)에 대한 설문실험연구, 미래정치연구, 8(3)
- 마이클 J. 모부신, 판단의 버릇, 사이출판사
- 박희태, 이수진, 손승연, 김석영, 윤석화(2011), 조직공정성이 구성원의 지식 공유에 미치는 영향. 경영학연구, 40(2)
- 배은성. 김범석. 민재형(2016) 의사 결정스타일과 위험성향의 측정, 분포, 그리고 그 관계: 한국인 표본을 대상으로, 서강대학교 경영대학 한국경영과학회지 제41권 제4호
- 사이언스타임즈, 과학적으로 증명된 '우월의 착각'(2013년 03월 07일자 기사)

- 신임철, 처음 만나는 행동경제학, 에이콘출판
- 유창한, 김승범(2021) 절정-대미 원칙을 기반으로 설계된 유튜브 동영상 콘텐츠가 시청자 반응에 미치는 영향에 관한 연구, Journal of the Korea Industrial Information Systems Research Vol.26 No.2, Apr. 2021, 43-56
- 윤선길, 휴리스틱과 설득, 커뮤니케이션북스
- 이영애, 박희경 공역(2002년). 기억연구의 실제와 응용. 시그마프레스.
- 인간의 흑역사, 톰 필립스, (주)윌북
- 장욱희(2014), 아웃플레이스먼트는 효과적인가? 한국의 중소기업 퇴직자 사례, 중소기업연구 제36권 제3호, 37~60
- 최인철, 나를 바꾸는 심리학의 지혜 프레임, 21세기북스
- 하영원, 의사 결정의 심리학, 21세기북스
- 하종강(2004), 노동과 꿈 블로그
- 황금희,최식원(2013), Peak-End Rule을 적용한 관광경험의 이해-하동야생차문화축제를 중심으로-, 농촌지도와 개발 20.2, pp. 485-510.
- 황연순(2011), 나르시시즘성향에 따른 소비자유형과 의류제품 및 화장품 소비가치, 한국의류산업학회지, Vol.13 No.3, pp.364-372
- 행동경제학, 리차드 탈러, 웅진지식하우스

- Bell, David E. (1982), "Regret in Decision Making Under Uncertainty," Operations Research, 30(5), 961-981.
- Emmons, Narcissism: Theory and Measurement, Journal of Personality and Social Psychology, Vol.52 No.1, 1987, pp.11-1
- Higgins, E. Tory (1998), "Promotion and Prevention: Regulatory Focus as a Motivational Principle," in Advances in Experimental Social Psychology, Vol.30,ed. P. Zanna Mark, New York:Academic Press, 1-46.

• Kahneman, D., & Tversky, A. (1981). The framing of decisions and the psychology of choice, New science, Vol.211, No.4481(Jan.30,1981),453-458

• Kahneman, D., & Tversky, A. (1985). Evidential impact of base rates. In D. Kahneman, P. Slovic, & A. Tversky (Eds.), Judgment under Uncertainty: Heuristics and Biases (pp. 153–160). New York: Cambridge University Press.

• Lind, E. A.(2001), "Fairness Heuristic Theory: Justice Judgments as Pivotal Cognitions in Organizational Relations," in J.Greenberg and R. Cropanzano(Eds.), Advances in Organizational Justice, Stanford, CA, Stanford University Press, 6–88.

• R. M. Entman, 1993, "Framing: Toward Clarification of a Fractured Paradigm", Journal of Communication 43(4), Autumn, pages 53-54.

• Schuldt, J. P., Konrath, S. H., & Schwarz, N.(2011). "Global warming" or "climate change"?: Whether the planet is warming depends on question wording. Public Opinion Quarterly, 75(1), 115～124.

• Staw, Barry M., and Jerry Ross. "Behavior in escalation situations: Antecedents, prototypes, and solutions." Research in organizational behavior (1987).

• Thaler, R. (1980). Toward a positive theory of consumer choice. Journal of economic behavior & organization, 1(1), 39-60.

• Thorndike, E. L. (1920). A Constant Error in Psychological Ratings. J ournal of Applied Psychology. 4, 25-29.

마주하는 용기

초판 1쇄 인쇄 2023년 3월 8일
초판 1쇄 발행 2023년 3월 25일

지은이 김용모

편집 최익성 정승윤
디자인 박은진
마케팅 총괄 임동건
마케팅 지원 안보라
경영 지원 이지원

펴낸이 최익성
출판 총괄 송준기
펴낸 곳 파지트
출판 등록 제2021-000049호

제작 지원 플랜비디자인

주소 경기도 화성시 동탄원천로 354-28
전화 070-7672-1001 **팩스** 02-2179-8994
이메일 pazit.book@gmail.com

ISBN 979-11-92381-50-3(03320)